莎拉媽媽（陳伊思）◆圖&文

母愛真火大

莎拉媽媽的犀利人母爆笑日常

前言
因為有妳，育兒路上不孤單

　　懷莎寶的最後一個月，頂著大腹便便，暫停手邊的教學工作，便開始提起畫筆，生疏的操作畫板，慢慢回憶並逐一畫下孕期中的趣事。沒想到畫作放上臉書粉絲頁後，意外得到許多孕媽咪的迴響，進而開啓了「莎拉媽媽育兒插畫」之路。就在粉絲專頁與兒子莎寶同步邁向四歲之際，收到圓神集團的出版邀約，令我驚喜萬分。

　　身為人媳、人妻、人母的莎拉，十分明白婚姻生活大不易，太多酸甜苦辣難道外人知，委屈憋在心裡會內傷，當笑話說出來供人茶餘飯後八卦閒聊，卻也引來是非。

　　這本書，就如同一個疏通的出口，舉凡說不出口、寫不下手、眼淚往肚裡吞的場景，都可以在此幫自己（也是幫妳）一吐為快！

　　在粉專反應熱烈獲得廣大迴響，彼此互相勉勵、互吐苦水、互相取暖、惺惺相惜的同時，也知道婚姻育兒的大小事，其實都有人與妳一同走過，也就不覺得孤單了。

CONTENTS

第 4 趴
與豬（神）隊友同行

第 5 趴
婆家就是妳家攻略

第 1 趴

從受孕到卸貨

懷孕才不是一小片蛋糕

要生不生？
給我說清楚講明白

　　大家覺得婚姻生活應該要適應多久，才適合迎接第一個寶寶呢？

　　莎拉婚後兩年，自認已經把老公的底摸透了（誤），也覺得有個孩子會更圓滿。於是乎開始向老公提出想要個寶寶的心願，原以為他會滿心歡喜的答應……

　　第一次提，老公臉色一沉，非常猶豫的含糊其辭帶過。

　　過了一個月再提，老公顧左右而言他。

　　第三次提，被拒絕時覺得有點惱火，便帶著怒氣跟他說：「到底要不要孩子？不要孩子早點說，我不想等到年紀一大把才生！」

　　他才吞吞吐吐地說出內心想法：「我不是不想要小孩，但是總覺得沒有心理準備，感覺有孩子之後壓力好大喔！好像要花很多錢，好像會很累，我不懂怎麼照顧小孩，而且聽說有小孩後，夫妻感情都會變質。」

　　老公坦誠地說出內心的擔憂，我們才有深談的機會，解決彼此心中的困惑和憂慮。

　　女人到了一個階段，會很自然的有種聲音告訴自己：「我要繁衍下一代」，然後按部就班、自然而然地讓身心準備就緒。特別是當婚後一切都穩定，彼此適應磨合一陣後，身體便開始釋出築巢的賀爾蒙。

　　但男人對於繁衍下一代，卻覺得像莫名的重擔壓在肩頭。他很清楚的知道，這一生養就是18年（或許更久），必須不間斷的勞碌工作，養活一家人，更不能輕言放棄。

　　所以，是否生養，何時生養，生養幾個，都需要夫妻成熟的討論與考慮，以避免意外懷孕的焦慮與措手不及，甚至不得已必須中斷妊娠後的身心傷害，更何況孩子誕生後的經濟、夫妻關係及生活品質，會有相當長一段時間顛覆單身時的想像。

懷孕沒有你想的那麼容易

　　明明老公每天都現成的躺在身邊，為什麼我的肚子只有長肥油卻沒胎氣？

懷上孩子完全是天時地利人和外加上帝送子鳥啊！莎拉夫婦年輕力壯，無不良習慣，除了偶爾週末追劇追到半夜，但從沒想到為了搞出人命，居然必須這麼拚命！不就算好日子，下蛋的那週認真一點「開工」，下個月坐等收成，這麼簡單……個鬼！

　　頭一個月撲空的感覺就像對發票，還能嘻嘻哈哈一笑置之。

　　接下來幾個月一連敗陣，連嘴角抽搐的力氣都沒有了。

　　於是開始懷疑自己不孕、老公精蟲太少、當天冷氣太強、驗孕棒過期……

　　下一步趕緊上網搜尋民間秘方，給自己補氣養身，給老公補精補體力，該吃該喝一樣也沒少。坊間排卵試紙、驗孕棒品牌全體集合，光是體溫計就搜刮了三支共三個品牌。

聽說喝了馬上懷孕

乾杯～

　　「認真做人」那陣子的性生活，簡直可用麻木來形容，人生頭一回看到老公被推倒時居然是眼神死，彷彿被媽媽桑推進來一般（羞）。有目的的房事實在很難樂在其中，一心只想快快交差了事，完事還不能立刻起身梳洗，只能乖乖躺平好幾個鐘頭，才敢輕手輕腳的移動，就怕狂奔中的百萬大軍在我動身的那一刻潰不成軍、敗陣而亡，更別說那個被強迫捐精的「事主」，天天累到倒頭大睡。

　　然而，期待的心情卻總在見紅的那一刻被完全擊倒，甚至坐在馬桶上大哭。還只是在嘗試階段的我，就已經備感壓力，更別說那些為了懷孕，承受心靈、肉體上巨大折騰的可憐媽咪了。

　　那陣子我時常獨自面對外界過度的關注及質疑的聲音，懷孕吶～真的不是一小片蛋糕而已啊！

好像…似乎…可能比昨天燙一點點點！

天使會領著孩子，
在父母身心最好的時刻降臨

　　就在莎寶降臨的那個月，我們決定暫時休兵好好享受夫妻生活。整天疑神疑鬼盯著肚臍眼看也不是辦法，而且前陣子為了控管「品質」，連老公吃什麼、幾點睡都要管制。當夫妻之間的閨房之樂沒有特別目的時，雙方都卸下重任，才能再次體會對彼此的愛慕和需要。

　　不敢說是多麼翻雲覆雨的激情，但我們非常享受放鬆的性，終於，30天後，我在廁所尖叫，驚喜迎接這初見的兩條線！在愛裡孕育愛的結晶，果然有其道理！

給人妻的OS.

懷孕，從來不是一件簡單的事。

於渴慕生養的女人是神聖任務，於愛慕丈夫的女人是全然的委身，我們竭盡所能的全力以赴。無論正在努力中，還是已獲至寶，抑或是順應天命，親愛的，妳辛苦了。

女人的價值從不取決於生養。

給人夫的OS.

若你的妻子正為了懷孕承受身體上的折騰，請不要覺得針挨久了會習慣，藥吃多了會適應，她每日都全然倚靠著對你的愛及兩人的下一代，戰勝這些恐懼。當她感到沮喪、因外界的評論而憂心，你絕對是她最大的支持和安慰！

孕期好吐又好笑

孕期首部曲：
吃這也吐，吃那也吐，不吃還是吐

懷上莎寶第7週，預約了產科醫生，做陰道超音波的經驗實在令我太緊張。在冷氣超強的診間全身僵硬，兩腿發抖，直到醫生Lisa道出：「有心跳了喔！」憋著的一口氣才瞬間喘息，興奮的扭頭看那有看沒懂、黑麻麻白茫茫的超音波螢幕。

「寶寶在這邊（指），一閃一閃是心跳。」

「現在大概跟一顆泰國長米一樣大。」

望著黑團中的小白點，小白點的中央閃爍著。

上帝啊～腦公啊～我們的孩子終於來報到了！

我們用巨大的牛排紀念這值得慶賀的喜事。當侍者端來熱騰騰肥滋滋的牛排，就在我迫不及待切開牛排的瞬間……突然感覺哪裡怪怪的……油花經過鐵板煎烤成焦香的畫面進入大腦，居然完全無法轉換為美味的訊息，反而令我作嘔。

對，我正式開始了這段味覺、嗅覺、視覺都走鐘的歲月。只有鋼鐵般的母親，可以忍受數個月胃炎、頭痛、嘔吐，卻堅持不用藥！

簡單來說， 孕吐就是持續三個多月的腸胃炎＋嚴重脹氣＋噁心反胃。

平時只是吃掉冰在冰箱三天的剩飯，就吐拉一週要死要活的，現在懷個孩子，居然長達三個多月都在腸胃炎的狀態！除了睡著的時間以外，胃酸大海始終在翻騰，一整天脹氣，完全吃不下但又餓得要死。

凌晨五點胃痛醒，邊乾嘔邊吃乾巴巴的蘇打餅配開水。

中午胃又脹又痛，邊乾嘔邊吃乾巴巴的蘇打餅配開水。

下午超疲倦，但小睡起床卻頭痛欲裂，邊乾嘔邊吃乾巴巴的蘇打餅配開水。

晚上胃痛到睡不著，還是邊乾嘔邊吃著乾巴巴的蘇打餅配開水。

是的，是的，是的，整天都在乾嘔，整天都在吃著索然無味的蘇打餅……這就是孕期的起跑式。

這段時間能體諒老婆，且不要求她煮飯做家事的老公，簡直是溫柔男人心大爆發！

孕期進行曲：
走鐘的味蕾

　　賀爾蒙的改變，完全打亂了女人的嗅覺與味覺——廚房的煎煮炒炸、打包的垃圾袋、廁所的水氣，就連老公的汗臭都被瞬間放大了100倍。男生若無法想像，就想成是把穿了一天的內褲或襪子拿來當口罩三個月一樣噁心。有畫面了沒？所以，千萬別認為老婆小題大作啊！

　　老公陪老婆吃她能吃的、想吃的，幫她買吃的，帥氣值200%up！

　　然而，懷孕怪癖可說千奇百怪，人人都不同，我就是那個熊熊想到酸辣湯，而且只喝得下酸辣湯的傢伙。你可能會想，不就一碗酸辣湯，轉角巷口麵攤就有，但莎拉正巧住在晚上九點過後，整條大街安靜得只剩狗吠的休士頓郊區，這區開車15分鐘可以到的中國餐館只有兩家，要趕在關門前

這組合和份量
合理嗎？老婆…

我想吃
草莓吐司＋蔥花蛋
別忘了擠番茄醬
無糖豆漿＋巧克力
還要鐵板炒麵

滑壘進去，油門得踩到底，可以想像有多悲催了吧?!當我接過這碗熱呼呼的湯，原本揪成一團的臉頓時笑開了，啊～就是這個味道！

　　所以，請準爸爸善用便利的台灣生活，充分展現你的體貼吧！人妻我絕對不是故意找麻煩，我們心心念念想吃的詭異食物，可能正是最近唯一吃得下的東西啊！

孕期謝幕曲：
接「腫」而至的不可承受之「重」

　　孕後期的沉重與浮腫，時常伴隨著胃食道逆流及內臟被壓迫的不適。大部分的孕婦睡眠會經常中斷，因為被壓縮的膀胱每隔一段時間，就不得不去解放。

孩子在肚子裡隨便一個拳腳都是內傷，如果要形容孕肚到底有多沉，或許就像一連吃了三天buffet，但不可以催吐還加上便祕，整個胃包括大腸都塞滿滿的那種沉重感。吃這麼撐誰還睡得著？

除了孕婦自己胡亂吃胖的肥油水腫，肚子裡的寶寶、羊水、胎盤加一加，也有扎扎實實的4公斤以上！即使到了懷孕後期，大部分女人依舊不能停掉職場工作，該做的家務也一樣不會少，此時如果老公能主動協助，自是感激涕零。

孕期中，人夫的所有分憂解勞，無論是跑腿買消夜，或是主動扛起家務，對夫妻而言，都是一筆一筆愛的存款。請在你家開個愛的帳戶，當個愛的暴發戶吧！

 給人妻的OS.

孕期的每個階段都有不同的辛苦，但孩子健康的在妳的餵養下成長茁壯，便是最大的喜樂！
孩子誕生前，他／她的每一個細胞生長、每一個神經連結，甚至樣貌、性格，都是妳每日的祈禱和盼望。選擇一種令妳感到放鬆的胎教方式，無論是閱讀或是音樂，陪孩子一起度過這一生最親密的時光。

吐得不要不要的前期

大吃特吃輕鬆自在的中期

氣喘吁吁大腹便便的後期

 給人夫的OS.

你的她可能已經胖了10多公斤,腰粗腿壯臉也腫,經常疲累易怒,可能敏感多愁。

然而你的孩子,正緊緊仰賴母親的供給,這是一種生命的全然託付。

除了體貼,這10個月也是你逐步收拾婚後「單身生活」的好時機,如今,你不只離開父母的保護傘,成立家庭,更有一條新生臍帶牢牢地繫著你和妻子的生命。

請成為孩子與妻子最穩固的磐石。

一人坐月子，全家都有事

如果說，婚禮是挑戰雙方家庭的「核一」，那坐月子應該就是「核二」無誤了。現代媽咪坐月子的選擇不外乎如下：

1. 娘家坐月子
2. 婆家坐月子
3. 訂月子餐自己坐月子
4. 月子中心坐月子
5. 請月嫂居家坐月子
6. 姊我根本不坐月子

不管哪個方案，按「常理」來說，只要產婦開心，家人或配合者也願意，就皆大歡喜。但為什麼聽起來有將近6成產婦的月子，卻像一場惡夢呢？簡單說，不外乎就是在「設立自己的界限」與「明白別人的界線」之間拉鋸。以下請看交戰頻率從高到低的實況VCR：

導火線1：
在婆家坐月子
根本無法好好休息？

在經濟情況允許的情況下，媽咪們應該會傾向去月子中心，以便得到完善照顧。再來是在娘家坐月子。當然，婆家照顧得無微不至，婆媳皆歡喜的情況也時有所聞，但最怕遇到假幫坐月子之名，行監控之實。

身邊曾發生過這樣的案例：

因為不方便在月子中心或娘家坐月子，A媽咪和老公討論好，要請月嫂居家照顧，公公卻極力反對，幾番威逼利誘要夫妻放棄月嫂，甚至要親自來家裡坐月子。

沒錯，是公公說要來！理由如下：

「孩子跟月嫂睡？萬一她睡死了呢？」

「月嫂半夜照顧孩子若沒睡好，一定會有疏失。」

「月嫂會趁妳看不到的時候虐待孩子。」

「萬一孩子沒吃飽怎麼辦？」

「月嫂搞不好有病會傳染給孩子。」

「我不放心孫子給外人帶，我親自來給妳坐月子好了！」

我路過好奇
想知道什麼是餵奶

我要盯著餵奶
免得金孫沒吃飽

公公順便在所有親戚一起聚餐的場合，公開大聲譏諷根本不需要月嫂，又貴又不安全。媳婦一頓飯下來像在吃黃蓮佐鹽巴。公公約莫還有十來個以上不能請月嫂的理由，以下省略不贅述。

但聰明的妳畫到重點了嗎？

是的，以上理由，沒有一點關心到產婦的需求，一心只想到跟他們有血緣關係的金孫，而且完全模糊了坐月子的焦點——讓產婦得到良好的休息，盡快復原。平日連煮飯都不會的公公，竟因此高姿態的進駐媳婦家幫忙坐月子，光是用聽的，就彷彿看到產婦忍著傷口疼痛、漲著石頭般的奶，一邊日夜不眠不休的照顧嬰兒，一邊還得應付狀況外的長輩。

坐月子是為了讓產婦得到充分休息，且盡快適應、磨合與嬰兒的相處，而非「楚門的世界」，扮演完美的賢妻良母給外人看。每每聽到長輩說：「媳婦坐月子，把孫子照顧得很好！」這種話都讓我忍不住扶額。把孩子照顧好是母親的天職本能，但月子坐得好不好，就完全取決於夫妻以外路人甲乙介入的深淺。千萬不要來亂啊！

不准這樣
不准那樣
不准這樣那樣
懂了沒！

月子中心．月子餐
根本浪費錢
不過生個孩子
哪那麼嬌貴

萬一沒照顧好我孫子
誰負責？
坐月子得在婆家
我要親自盯著

坐月子叫妳娘家
幫妳做就好了
這本來就是娘家
應該的

月子中心．月子餐
那麼貴
我兒子壓力大啊～

導火線2：
長輩不幫忙還拼命扯後腿

　　婆家和娘家都沒有義務非幫產婦坐月子不可，也多少都有為難的地方。但不幫忙不要緊，還一堆意見，無論孕婦做什麼選擇，長輩都不滿意投反對票，試問，究竟是誰要生孩子？

　　有些婆家甚至推說坐月子是娘家的義務，丈夫一毛錢都不用表示心意。

要去月子中心，就要娘家出錢。

要請月嫂，就嫌浪費奢侈。

要訂月子餐，就說不如自己煮更省錢。

　　胡鬧一陣後，問他到底想怎樣？偏又一臉事不干己般雲淡風輕，實在不可取！（搖食指）

老婆～我襯衫還沒燙說...

老婆我肚子餓了～

老婆，我媽我姑我姨我嬸說要看孩子，妳趕快出來！

老～婆，妳有沒有聽到啊？

導火線 *3*：
為了看孩子不惜在房間開趴

按常理，一般親友會主動配合產婦希望的探望方式。

莎拉有個朋友超愛熱鬧，在月子中心期間訪客不斷，並熱情邀約親友前來探訪，看著親友在房間吃鹹酥雞自己只能啃床單之餘，也順便打打小牌排遣閉關的苦悶。旁人看在眼裡不禁想問：不累嗎？不，她就是喜歡這樣！愛她懂她的朋友深知她的喜好，也拿捏得恰到好處，因此，她的月子坐得很開心！

但是，其實有更多產婦只想要好好安靜休息。莎拉就收到許多網友媽咪寫信來吐苦水說道，月子期間完全無法休息，每天都在陪笑臉「接客」。親戚朋友一坐就是好幾個小時，甚至一整天當自己家，除了剛進來的前

大家怕妳無聊，排班來熱鬧熱鬧。我跟妳說阿～巴拉巴拉～

十來分鐘是在問候產婦，剩下時間都在八卦話家常、玩小孩。產婦一頓飯從熱吃到冷還吃不完，有人甚至問說能不能試吃一口；時不時要迴避親友餵奶卻不能衣衫不整，還要隨時注意漏奶免得胸口濕成一片，更不用說忍著漲到快要爆炸還不能擠的石頭奶有多痛苦。然後親友總是很貼心地說：「妳睡啊妳睡啊，不用管我們！」（能不管嗎?!）更糟的是，訪客搞得母嬰同室的baby作息大亂、哭鬧不休，白天訪客來開趴，晚上換baby開趴，令人想到都崩潰……

　　所以，無論產婦喜歡熱鬧還是清靜，掌握好探訪時間和自我約束言行，的確是親友的責任。

 給產婦的OS.

月子是給自己休息養身的，在合理的範圍內，其實無需在意別人的閒言碎語。一味滿足別人，而犧牲自己做月子的需求，並不會換來貞節牌坊或好媽媽勳章，只會讓自己氣到內傷，忍到憂鬱症。產婦最大，請選擇讓妳最放鬆、舒適的方式坐月子吧。

給人夫的OS.

老婆坐月子,請別熱情邀請你的親朋好友媽媽姑嫂嬸婆出意見。你只需要和一個人討論,就是你·的·老·婆!

除非你想要孩子一出生就搞到雞犬不寧,親手埋下婆媳失和的導火線。其實也不過就是一個月而已,用30天換你接下來30年好日子,挺划算的。

給親友團的OS.

對產婦的關愛可以更「科技」一點,所有社交通訊軟體都能傳達心意。

除非產婦邀請(她的親友邀請一概不算數),否則請勿呼朋引伴當作去動物園看貓熊。

這30天的休養對產婦很珍貴也很重要,且新生兒也不宜大量接觸外來細菌,更嗯湯在眾人手裡傳遞親吻捏。請把你們的愛和關心暫時用簡短的電話或文字訊息傳遞給對方,甚至把禮物轉交給對方家人代收也不會有人說你失禮,若能忍耐到坐完月子再探訪,對於產婦來說,其實是最好的祝福也比較沒有負擔。

原來不能睡覺
是這種感覺

記得高中時每到週末，總窩在房裡開冷氣蓋棉被配漫畫糜爛到天亮。

大學的暑假，總窩在宿舍裡看電影配零食看到睡著。

工作後還在家裡蹭飯的我，每晚都MSN到被老木催促：「卡緊睏！」

那些人生中的燦爛時光似水年華，豈能用來睡覺?! 因此，我度過了無數熱夜趕作品、夜唱KTV、看午夜場電影，與閨蜜徹夜八卦到破曉⋯⋯彷彿沒有明天的青春歲月！

趕快去睡覺！

好啦好啦！
明天放假
又沒有關係～

直到生產前一天，我都還在電腦桌前，拿著畫筆和畫板瀟灑揮毫，陶醉在插畫的世界。

進了待產室，打了無痛，護士阿姨交代，要好好休息保存體力，腦公阿宅倒是很聽話，真的睡到嘴開開，呼聲震天，我則一派輕鬆地跟台灣老母face time有說有笑，好像在等看牙一樣。

前人千叮萬囑，此時能睡就睡，能吃就吃，不然生完妳就知道了！這些叮嚀當時顯然都被我當成屁話（跪）。打從兩隻腳被架高開始"Okay, you could push now, puuuuush!!!!" 我應該就沒闔過眼了，

生產完幾近虛脫，醫護來去穿梭，當他們把簡單擦洗過的莎寶放在我胸前吸第一口奶時，醫生還邊跟護士談笑邊在我兩腿間縫縫補補，此時麻藥漸退，每一次穿針引線的拉扯，都讓我那已經抖到天荒地老的雙腿幾乎要失控了。

被推到一般病房，第一次起身小便時，身體卻不像自己的失控尿了一地，手臂打著點滴，護士時不時進來量血壓、抽血、填寫資料。夜裡母嬰同室，莎寶時不時就哀哀叫，每隔1小時換一次尿布，3小時餵一次奶。自然產後全身痠痛，身上只穿著單薄的院服，躺在如冷宮般的醫院，但身旁的阿宅卻在沙發上鼾聲雷動，讓我完全無法入眠。

累壞了，真的是累爆了！

產後隔天出院，回到家卸下行李，阿宅一臉倦容的對我說：「我去睡一下喔，好累！」對，他好累喔這樣，當下真想拿拖鞋毆打他200回。抱著唉唉啼哭的嬰兒，笨拙地掏著奶，但產後才第二天，奶水根本還沒出來，

孩子總是餓得每半小時就張嘴哇哇叫，孩子哭，我也跟著哭。

產後進入第三天，我不記得自己有沒有真正闔眼過，孩子只要隨便唧唧哼哼一聲，我就會如反射動作立刻從床上彈起來，連進入淺層睡眠的機會都沒有。只知道走路已天旋地轉，每一次小便傷口都像洗鹽水般腫脹刺痛，脹痛的石乳奶水還是出不來，每每孩子吸破乳頭，子宮宮縮，都像酷刑般痛苦。

月嫂離開的那天，我的世界頓時一片暗黑，感覺連替手的人都離我而去，我無法獨自面對這個小嬰兒啊！一天換八次尿布只是基本款，一整天不斷穿穿脫脫吐髒和乾淨的包屁衣、哺乳衣，餵飽小孩之餘，還得弄東西餵飽自己，每餐都是胡亂煮一通，早餐當下午茶吃也是家常便飯。

面對著脹氣哭、餓哭、嚇哭、討抱哭、無所不哭、想哭就哭的寶寶，媽媽的生理時鐘瞬間轉換到太平洋某個不知名的小島，完全不知今夕是何夕。寶寶總是很準時而「規律」的在深夜12點整開工，哭哭睡睡，睡睡醒醒，討奶討抱……轉眼間我又陪他看日出了！

一夜無法入睡，好不容易撐到天亮還是不能睡，真的很想死啊！彷彿大小腦同時萎縮，瞳孔放大，心跳漏好幾拍，為什麼當年老木罵我不早點睡的時候，沒有跟我說生完小孩以後都不用睡了！

阿木，我錯了～～（淚崩）

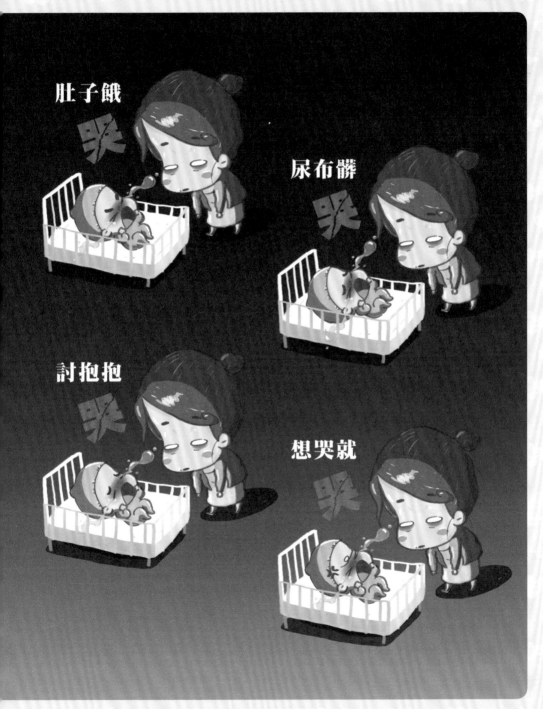

給準媽媽的OS.

坐月子若有人協助，特別是在月子中心或有月嫂幫忙，請務必見縫插針，逮到機會就一定要睡！即便每幾個鐘頭仍要擠奶餵奶，千萬不能一得空就追劇滑手機，否則你這一年都沒有機會好好睡了！

給黑眼圈產婦的OS.

無論信奉哪個育兒派別，都要以自己為重，沒有身心愉悅的媽咪，何來健康的寶寶。必要時請鐘點保母到府協助，或者拜託老公、親友照顧，不用覺得內疚自責心虛，妳不是機器人，妳需要休息！

男孩女孩都是100分

　　每個孕婦在孕期至少會被問上200回的問題，就是「男孩還是女孩啊？」

　　當年醫生宣告莎寶的性別時，躺在診療台上的老木我，瞬間告別了充滿粉紅色的世界，當下超想揪住醫生的聽診器吶喊：「逮林（台語）啊～難道你不知道Carter's有70%都是可愛到破表的女孩裝嗎？

　　想到超音波螢幕中，胎兒兩腿間的那個小雞雞，即將把我帶入不是T-shirt牛仔褲就是T-shirt運動褲，每年衣服款式都如出一轍的男孩世界，噢～不～掰了，我的少女心！

　　短暫天人交戰後，還是感謝上帝給了我小雞雞……啊，不是～是給了我一個男孩！於是我誠心謝過醫生、告別了護士，回家上網報喜去。接著便陸續收到很多祝福與指教，但感覺卻越說越歪樓。

　　「男孩好啊！這樣妳就有交代了！」
　　「男孩好啊！妳就不用急著拚老二了！」
　　「母以子貴，這樣妳才不會被看嘸，肚子夠爭氣！」

　　等等……這些貌似恭賀的話，怎麼讓我聽得很燥熱?!

　　懷上男孩彷彿越過生死線，跨過了做媳婦的最低門檻，安全上壘！這個男寶寶居然變成我的免死金牌，保障了我未來幾年內都不會領到休書一般！

生男生女
到底干卿何事？

生男孩、女孩，都不需要對誰交代。我們無法動搖別人僵化的思想，更無力改變文化陋習，但即將為人父母的你們，請務必在自己這一代，斷開這種傳統餘毒掙脫刻板印象下的枷鎖吧！

更有不少媽咪承受的壓力，甚至是來自枕邊人，以至於幾乎無法享受為人母的愉悅，懷上女兒彷彿這胎不算數下胎會更好，就再接再厲吧！

即便身體不允許，甚至不惜墮胎選擇性別，承受極大的身心煎熬，只為了滿足某些人的心願，順從長輩無理的要求；即便真的生了男孩，日後依舊備受壓力，不得安寧，多數人依然會要妳再生個女兒啊，說什麼女兒貼心啊、一子一女才會美滿啊、人生才是100分啊……那些得寸進尺的長輩，眼中只有自己莫名的虛榮和世俗的包袱。

無論如何，男孩、女孩都是妳的寶，都該珍視並給予尊重，哪怕只有獨生女，也是妳們夫妻的決定與驕傲。做個有智慧的父母，把不友善的言語和假好心的過度關心留給愚昧的人就好。

 給人母的OS.

孕育生命是個美麗而艱鉅的過程，每個母親對於第一次聽到孩子心跳都刻骨
銘心。面對不合理的要求或閒言閒語，大可一律冷處理。讓丈夫明白，無論
男女，都是生命的傳承，都不能抹滅你們之間的愛情印證，只要夫妻同心面
對，就沒有什麼過不去的。

原來我的專長
不是帶孩子

　　莎拉跟幾個老友一同北上拜訪10年不見的老友們。

　　10年前，我們之中有的是大學生，有的是研究生，共通點是都單身。

　　10年後，我們的手機相簿裡，都冒出了好幾個小毛頭。

　　我們一起回憶青澀的學生年代，對於眼前不受控的小毛頭，也有聊不完的媽媽經，每每聊到共通點，總有同病相憐之感。

　　當年領著我們的傳道人姊姊，眼神堅定，說話不拖泥帶水，笑聲爽朗輕快，展現滿滿氣勢和自信，如今也是兩個孩子在腳邊轉個不停。飯桌上，她不改風趣、輕描淡寫的一段自白，深深刻印在我腦海裡。

　　「我很清楚帶孩子不是我的專長，而我必須花最多時間在她們身上。我曾因為過去在工作上讓自己充滿自信的掌聲不再，而感到空虛不安。有段時間，孩子睡下後，我總躺在床上不明所以的哭泣。我知道這是憂鬱的前兆，而且不能繼續下去……」

我不是賢妻良母，
但我是好媽媽

這是第一次，有人說出了我心中的掙扎，母性或許是內建的、是天性，但養育孩子真的是每個媽媽必然的專長嗎？

女人婚後，每日在生兒育女、伺候長輩、操煩家務與家計之間周旋，每一個任務，似乎也理所當然地變成我們必備的「專長」。

「做媳婦當然要孝順長輩，敦妯睦娌，蕙質蘭心。」
「做妻子自然要體恤丈夫，開源節流，勤儉持家。」
「做母親必然要綿延子嗣，全心撫育，教導智慧。」

種種刻板印象及世人的標準，成了層層枷鎖，重重壓在我們肩頭。彷彿世間所有人都盯著妳說：「這些妳本來就應該要會啊！」

有的媽咪真的十八般武藝俱全，對孩子百般呵護、耐性十足，從燒飯洗衣到相夫教子無不專精，甚至樂於生很多孩子也在所不辭。

但我偏偏不是這款，好不容易辛苦熬過懷胎十月，緊接著孩子出生後的身心俱疲、夫妻間的磨合，更常讓我暴躁焦慮，情緒一觸即發。我自認無法做到別人嘴裡說的「賢妻良母」：廚藝好、孩子教得好、家事一把罩、老公都說好！我真心羨慕如此多才多藝的完美嬌妻，偏偏我本來就笨手笨腳不擅烹飪也不愛縫紉，蛋糕總是被我烤成一團糨糊。但是，難道這樣的媽媽就一無是處，不配為人妻為人母？

直到友人的一番話，為我解開了枷鎖。

我承認我的專長不是帶孩子，結婚前沒有人告訴我，生子後也沒人教過我，但我對孩子的愛絕對不會輸給任何人！相信所有跟我處境相同的媽媽們也都如此！

　　對於我們的寶貝，我們都用盡全力生下他；在無數個不成眠的夜裡照顧他；給他最好東西；即使不曾下廚，也試著估狗寶寶食譜為他燉煮健康副食品；無數次抱著生病的他奔走醫院；不分晝夜、不計成本加入團購，給他買書買玩具；加入共學團，幫他找玩伴……我們都竭盡所能將自己全部精華掏給他，但我們的專長，真的不是帶孩子！

給人母的OS.

親愛的媽媽們，妳不需要成為別人的100分。
妳只需給孩子妳認為最好的那一份──
妳的智慧、妳的品格、妳的溫柔和良善。
無論如何，妳都是孩子最好的母親。

帶孩子並非每個女人的專長

但她們都竭盡所能的做到最好

第 2 趴

媽咪不是神力女超人

一人輪三班的日常

　　一般白領上班族通常有週休二日，工廠則是做二休一輪班，即使是24小時便利超商店員也有排班輪休，唯獨老木這職等，不但24小時全年無休，還必須……**自・己・輪・三・班！**

　　想當初「卸貨」前，孕吐完還能去躺躺，指揮老公去東市買駿馬，西市買鞍韉；卸貨完坐月子，也至少還有月嫂擋著，乳牛擠完奶還有空檔偷滑一下手機。所以，當月嫂阿姨頭也不回的轉身離去時，我的天頓時黑了半邊……老木這個職業的工作細節，已繁瑣到無法細數也沒有SOP，我無法明確說明幾點上工，因為根本分不清今夕是何夕，只知道每兩三個小時就要餵奶，期間時不時還穿插拍嗝、擠奶、換尿布、吐奶更衣、拉屎又換尿布、漏奶亂滴、吐奶又更衣……的鬼打牆無限循環。

24小時轉陀螺般不停歇

　　也不過才兩三個月光景，本來只需要吃吃睡睡pee and poo的寶寶，開始翻身，添加副食品，老木也必須開啟全視野超廣角模式，一隻手在鍋裡翻攪之餘，另一隻必須同時滑手機找食譜，眼角餘光還要盯著在地上蠕動的小人兒，廚房裡電鍋、攪拌機、壓力鍋、榨汁機輪流震天價響不停歇，製造出一鍋鍋稀稀糊糊的不明物體，然後得趁新鮮趕緊分裝冷凍做成冰

磚。

　　每次餵寶寶吃副食品，總需要端著碗，對著小人兒擠眉弄眼，用一種嘴巴幾乎張大到可以塞拳頭的程度親自示範：「來～啊嗯～好香喔～好好吃～嘖嘖嘖……」下一秒就被主子一掌打翻在地上拜土地公（老木瞬間變成崩潰的奴才）！顧不得自己滿頭大汗、一身奶臭，立馬上上演餐後娛樂活動。

　　日夜鑽研、爬文買書蒐集來的刺激幼兒五感發育、啓發大腦深層迴路，及全人類發展益智遊戲等，全都用在主子身上，以一種綵衣娛親的概念在主子面前說學逗唱，轉圈跳躍，擊鼓扯鈴，裝瘋賣傻。只見主子一臉茫然，流著口水拿起手搖鈴一股腦往嘴裡塞，啃得吱吱作響。奴才只能安慰自己，這樣也算是對樂器有興趣吧？而且還順便磨了牙，至少有發揮到0.01%的功效，很好（拍胸）！

　　除了手搖鈴，一旁還攤著被啃到濕糊破爛的童書，為了不讓書頁割傷小嫩手，老木不惜下重本買的都是高磅數的厚卡紙童書，硬生生比一般童書

三餐餵食

貴上兩倍！如此堅固的好品質，當然也要具備固齒器的功能，其他磅數低的書本，就成了主子的撕撕樂玩具，每當主子撕到盡興之後，用膠帶貼貼補補便成了老木的日常。

每天必須趕在日頭下山前，趕緊伺候主子用膳及沐浴更衣。洗澡完全屬於一種「戰鬥技能」，尤其冬天更是考驗奴才的智慧，舉凡浴室溫度、房間室溫、水溫、包裹速度、更衣地點與浴室距離和步數，都必須精準計算，在護駕主子從水裡到溫暖被窩的過程中可不能有一點閃失！所有流程SOP必須一氣呵成，不可中斷或停下來回答隊友找不到內褲之類的問題。

接著終於來到睡前驅魔儀式……啊不，是哄睡儀式。

首先，把隊友和小狗一起趕到屋子的對角線，調暗燈光，大約到伸手不見五指卻可以看到路不會仆街的程度，然後是塞奶、刷牙、唱歌、睡前禱告。

日常娛樂

　　此時此刻老木其實已經累到靈魂快要出竅了，主子卻仍在床上滾來滾去哼哼唧唧，雙眼炯炯有神，好不容易盼到他小眼皮緩緩垂下，鬆開玩具，忍不住想吶喊，神啊～祢終於垂聽一個可憐婦人的呼求，她的孩子終於要睡了要睡了要睡了～突然Poooooooooo的一聲，一陣屎臭味，被自己便便嚇醒的主子頓時瞪大眼睛崩潰大哭，該崩潰大哭一場的其實是奴才吧。絕望且欲哭無淚的開燈換屎布打理好一切，重新進行一次驅魔⋯⋯啊不，是睡前儀式⋯⋯

　　躡手躡腳爬出房間，此時連家裡的小強都已吃完消夜回窩睡覺了。奴才才得以中場休息，趕緊補吃早餐？午餐？晚餐？Whatever，管他哪一餐！吃完還不能睡，因為胸口漲滿奶必須排空，即便漲奶導致乳腺發炎，痛得眼淚直流，仍舊咬牙往胸口最痛處不斷按推，滿腦子只想著：奶水不能退，孩子還嗷嗷待哺啊！洗漱前，低頭看見衣服上的奶漬、米粒還有乾掉

哄睡守夜

的鼻涕，像是戰士完成不可能的任務一般，這番光景是在成為母親前完全無法想像的。

　　腰很痠，背很痛，手腕也發炎，但看著寶寶白白胖胖，開始會哼歌、牙牙學語、喊媽媽、撒嬌甚至鬧脾氣，一舉一動都讓狼狽不堪的老木嘴角勾起一抹微笑，我以為自己做不到，卻做得比想像中更好！

　　為母則強，即使每天一人輪三班，我也OK（挺）！

清潔照護

伴讀書僮

給老木的OS.

育兒字典裡從沒有「輕鬆」兩個字，
不能睡很抓狂，但寶寶傷風感冒更崩潰，
無論如何都不用自責，妳絕對已經盡了200%的努力！

家門踏不出去，
累到沒朋友

坐月子閉關苦熬30天，心心念念就是重出江湖走跳；可以暢快無阻的洗頭洗到沒有熱水（到底是有多愛洗頭）；可以買麥當勞薯條雞塊all you can eat；可以擺脫不透氣的襪子和發熱衣；可以推著小孩在百貨公司盡情享受冷氣和絕緣許久的美食；還可以⋯⋯更可以⋯⋯不勝枚舉，想到這裡就已興奮到不要不要的！

出個門
為何這麼難？

當姊妹淘得知妳的出關日，便開始陸續約吃飯。女人總是少不了窩在一起吃吃喝喝聊八卦，出門尿布包一背跟逃難沒什麼兩樣，裡頭應有盡有。前背一個小孩，後背一個包，手拉一台推車，嘴裡叼著鑰匙，一腳順便帶上門，每個老木都能練就這一身好功夫。出門前，若不經一番寒徹骨，焉得外食撲鼻香！光是準備這一拖拉庫行囊，就得耗上半小時，再加上主子

總在緊要關頭拉屎撒尿吐奶鬧瞌睡，不知道何時要演哪齣，以至於世界上最遠的距離，就是家門明明在眼前，我卻踏不出去（含淚）！

再加上不可預期的突發狀況——可能在約好的日子孩子剛好生病不得不取消；即使順利出了門，孩子也可能在車上睡著叫不醒，下車就開始哭鬧，或是一路不明所以哭到底，讓妳寸步難行。

餐廳裡那些優雅浪漫的英式下午茶、華麗高雅的法式早午餐，看起來好美好精緻也好……擁擠啊。是的，因為這些餐廳座位總是很難停靠推車、塞不進我巨大的尿布包、桌面完全沒有空間放奶瓶玩具濕紙巾、桌上擺放的高級餐具又超級易碎，小孩只要有個什麼閃失，媽媽猛然起身擦拭或服侍，一個轉身就是打翻整桌茶水，若主子又賞賜黃金數兩，毒氣恐怕瞬間瀰漫整個空間。

好在好姊妹不會因此嫌棄妳，當媽媽的都有練過，會在事發當下身手矯健、七手八腳的幫妳，即使沒當媽的也會體諒說不要緊，一陣兵荒馬亂後，全體起立並用同情的眼光目送妳離開座位奔向洗手間。此時的你抱著寶寶，感嘆寶寶片刻安寧與優雅甜點根本無法兼得，依依不捨望著鬆餅，冰淇淋開始坍方，妳也只能頭也不回的朝廁所奔去……

蝦毀?!沒有尿布台？沒有尿布台？沒有尿布台？（很驚悚所以說三次）

通常，越精緻華麗不食人間煙火的地方，越少會設置尿布台（眼神死）。不僅如此，即使安然度過前半場，下半場也很有可能遇到吃一半衣服被吐濕，而不得不中途離席的場面。

不出幾回，在身心靈都產生陰影的老木深深體會到，主子其實還沒大到

各位，金拍謝，我被吐髒了，先走一步……

妳才剛來耶～

可以帶出門走跳，此時還是在家閉關修練比較省事也省心。只能在臉書上看著朋友去音樂祭、看表演、探索巷弄隱藏美食、跨年看煙火湊熱鬧、海邊熱血衝浪……自己只有按讚的份。

　　這段育兒時光，我幾乎沒了朋友，彷彿全世界只剩下我跟孩子。不過老實說育兒之路雖然孤單，需要喘口氣，但寶寶帶給母親的快樂也是不足為外人道，難以言喻的。

 給老木的OS.

孩子一歲前，媽咪都像在坐月子，無法長時間在外逗留，也無法遠行。終日關在家裡蓬頭垢面，食不知味。縱使無法盡情逛街聊天，但偶爾忙裡偷閒，請老公或家人幫妳照顧一兩個小時，去轉角髮廊洗個頭按摩一下很舒壓；翻翻新雜誌喝杯最愛的飲料很愜意；即使只是買枝最喜歡的冰棒也很暢快。每天找時間醞釀一點小確幸，妳絕對做得到！

生小孩不是做業績

結婚當天，眾親友紛紛祝妳早生貴子；

婚後三個月，大家便迫不及待開始催妳生孩子；

生了老大還在坐月子，又問妳何時要生老二？

懷上老二，繼續鼓吹妳增產報國拚老三！

沒生兒子，就說還是要生兒子傳宗接代堵婆婆的嘴；

沒生女兒，又說女兒貼心還是要有女兒……

　　莎拉合作的墨裔鐘點阿姨一連拚了8個小孩，因為文化習俗，多數人皆早婚，等到老大結婚生子時，孫子跟自己最小的兒子站一起就像兄弟一般，逢年過節聚會，子孫滿堂非常熱鬧。而她的孩子們也至少都生了4胎，地球人口增長，有絕大部分多虧了他們家族貢獻一份心力（掩嘴偷笑）！

　　但台灣的生育率逐年下滑已逼近全球最低，人口老化問題著實讓政府焦急，故政令宣導無不努力給他催～生落去！對於真正為人父母的我們，要不要生、生幾個，又該如何衡量？

　　生小孩這檔事，我還是堅持真誠面對內心真正的聲音：夫妻倆都想要小孩嗎？能接受其中一方不想要孩子嗎？兩人想要生幾個？老公只想生一個，老婆想要4個怎麼辦呢？怕老大寂寞沒伴長大沒人商量，所以最好再生一個？獨生子女不好教養？一定要生到男孩嗎？

獨生子女真的都這樣？

把聚光燈從別人拉回到
夫妻自己

　　每個家庭情況天差地別，不同經濟能力、是否有後援部隊、夫妻身心條件、雙方價值觀及目標期待……種種因素都必須列入考量。孩子有個伴，只是成長中的一個階段，獨生子女不見得就會是個自我中心的討厭鬼；即使家裡有一堆兄弟姊妹，也不盡然就感情和睦，多的是長大決裂老死不相往來、為爭奪遺產大打出手，或是各自婚嫁後便疏遠到連鄰居都不如的手足，端看父母給予的環境和教養。生或不生，都不該感到愧對於誰；生幾個，應是夫妻共識下最好的決定。

我的個性適合嗎？

經濟狀況允許嗎？

沒人幫忙的話
我自己可以嗎？

老公也想生
這麼多嗎？

對長子愧疚？
來陪伴長子？
我的心態？

給夫妻的OS.

子嗣傳承多麼美好,這麼重大的決定不能交付他人。

還沒準備好,時常會帶給生活過大衝擊。

與其措手不及,不如滿心期待歡喜迎接。

生與不生,都是因為彼此相愛,外界認定的價值和準則都與你們無關!

三不五時要讓自己
開心一下

　　晚餐時間，長輩、老公吃飽了，小孩喝足了，餐桌上杯盤狼藉，剩人妻獨自收拾剩菜，用飯勺刮著鍋底米粒蒐集成一小碗飯當明天午餐。走進廚房洗刷堆成一座小山的碗盤，把廚餘打包分類，此時電視節目喧嘩聲從客廳傳來，與洗碗的水流聲成了諷刺的對比。忙完家務，還要被挑剔菜色，順便聽訓長輩的育兒經驗談，盡是些細碎叨唸，看著老公事不關己兩眼發直滑手機，小孩還沒洗澡，狗也還沒出去小解，在場沒人要幫忙的意思。

　　人說黃臉婆留不住老公的心，但哪個人妻不想讓自己光鮮亮麗。當妳真的用心打扮，時不時在臉書拍照打卡曬小孩曬恩愛，長輩看在眼裡嘴上不說，心裡卻難免嘀咕，那個誰誰家媳婦成天往外跑，吃好用好花錢不手軟，每次照相都穿不同的衣服，一天到晚換髮型，在外面吃一餐可以在家裡吃三頓……哪像我們以前都如何如何……

　　每當重大節日，都要配合某方長輩行程，到處噓寒問暖陪笑伺候，當長輩們得意地展示、傳遞孩子時，老木必須跟台傭一樣，卑微地跟在後面幫忙把屎把尿。

　　每出去一趟，就會把小孩早已建立的規矩、原則砍掉重練，還遭來質疑：「媽媽都沒在教嗎?!」過年從除夕到初五都在與夫家周旋，只能從中擠出一頓飯的時間，讓孩子回娘家見見外公外婆。難得放長假，想安排個

二度蜜月小旅行，但若只顧自己出遊，沒順口邀請家中長輩同遊，大概會被榮譽處決。此時不免又會聽到酸言酸語～「真會享受」「真敢花錢啊！」「我活這把年紀都沒出過國呢，真好命！」即使玩回來準備了一整貨櫃的伴手禮，沒帶他們出去的原罪一樣會被浸豬籠！我只是想跟老公出門走走，有這麼要不得嗎？

憋著一肚子委屈，想說老娘在網路上抒發心情總可以吧，再不然放張自己喜歡的照片，或者轉貼分享一些圖文，甚至只是在朋友貼文下留言按讚，沒想到也招來長輩群組及三姑六婆的關心：

「寫東西要考慮長輩看到的心情。」

「轉貼這個不妥當，會讓長輩難堪。」

「妳那些朋友真沒教養，少跟他們往來！」

令人不禁真懷疑某些長輩根本是間諜來著，連思想都要進行洗腦改造，管轄範圍已無限延伸到外太空零極限。更甭說懷孕及坐月子時的指手畫

腳，搞得自己像沒拿錢的代理孕母，只要孩子得到最完善的照顧，母親隨便無所謂，累死剛好！

媽媽開心，全家幸福

難道這些境遇，就是人人口中的愛情墳墓？NO，當‧然‧不‧是！

扮演人妻人母從來都不容易，受委屈、被誤會、承受壓力、經營情感、腹背受敵，無一不是不可承受之輕。但我們不能被這些打倒壓垮，老娘結婚可不是為了斷送青春和了結生命的啊！舉凡能讓自己開心的「小事」，請務必經常犒賞自己。

小資家庭不能時常出國、買名牌包、吃大餐，但是偶爾去喜歡的甜點店買個限量蛋糕是應該的；趁週年慶買保養品是剛好的；偷空滑手機團購超值商品是合理的；約姊妹淘一起做頭髮、按摩、喝下午茶，是必要的；

你不必成為家裡最渺小的一個

晚上不睡覺追劇，暫時逃離現實也是一定要的！還有超多數不清的小事，
能讓大腦釋放多巴胺，換來一整天的愉悅和短暫的平靜，何樂不為？即使
只是一塊巧克力，也許就能讓你放下肩頭重擔，暫時感到放鬆，再微小的
事，都值得常常一試！

育兒之路很辛苦，請經常做一些
讓自己開心的小事！

給人妻的OS.

做開心的小事，不單只為了小確幸，更大的好處是幫助自己不輕易陷入負面
情緒，進而衍生憂鬱或躁鬱。正所謂 Happy wife, happy life!

不論全職兼職，
母愛都是24小時

　　懷胎十月吐十月，身材走鐘好多年，辛苦拉拔不成眠，婆媳對戰傷元氣，老公長男怎麼演……我們就從以上這些壓垮女人的最後幾根稻草中，抽出其中一根來談談。

　　莎拉一直對「全職媽媽」四個字感到迷惘，從字面上解釋，應該是全天在家帶孩子的家庭主婦。

　　那麼，要出去工作，不管白班、小夜、大夜班，下班回家也得帶孩子的婦女，難道要稱為「兼職媽媽」？難不成母愛也有全職和兼職之分？

　　不管上不上班，家裡的事可一樣都沒少，不出去工作專心在家帶孩子，旁人替妳抱屈枉費父母栽培，夫家酸妳不事生產，無法分擔家計；出去工作打拚，蠟燭兩頭燒，忙到昏天暗地，旁人又數落妳沒有對家庭盡心盡力，孩子這麼小就被迫送保母家或幼兒園「母子分離」。

　　這些風言風語，著實可讓一個身心健康的女人精神分裂也不意外。誰說職業婦女就少花心思在孩子身上？

　　全天在家帶孩子就真的多吃了兩斤米？妳不需要因為讀了5個博士，就認為自己不能枉費學歷去當家庭主婦放棄親子時光。也不需要因為別人覺得妳應該感到愧疚，而逼自己當個家庭主婦，放棄追求夢想的機會。

婚姻雖然是個取捨的問題，但並非要妳沒了自己。工作與否，都是百分百的完美媽媽，都是使這個家幸福、不可或缺也無可取代的重要角色！

給人母的OS.

有一種愧疚，是別人覺得愧疚！別讓他人的虧欠在妳心中生根。

只有夫妻兩人最懂彼此和家庭當下的需要，

清楚輕重緩急、先後次序，設下界限（抵擋外來干擾），

不論全職兼職，母愛都是24小時。

讓他去幼兒園
是不是好殘忍啊…

可是工作讓我好有成就感啊…

他會不會以為
媽媽拋棄他啊…

想哭破

虧欠

我不是個好媽媽

愧疚

可是家裡需要收入啊…

沒好好陪伴孩子
真是罪孽深重啊

娘家的態度，
決定妳的高度

　　撇除少數個案，每個娘家都立志培養出大方得體討人喜歡的好女兒，但通常好好養大的女兒，到別人家卻換來諸多批評指教，甚至被嫌得一文不值。因此，每個娘家都想問，那把打量我家掌上明珠是孝媳或逆媳的尺，究竟是什麼呢？

　　早年女人在婚姻中地位卑微低下，只要被夫家投訴，娘家便顏面掃地，更別說是接納嫁出去的女兒回去。很慶幸我們都生在現代，我們的原生家庭也很懂得硬起來保護自己的女兒，正視她的價值，而非只有吃虧挨打的

母親彎腰著道歉

妳女兒怎麼教的？
笨手笨腳
奢侈浪費
巴拉巴拉～

對不起，對不起，
是我們家沒教好。

份，並且不再照單全收婆家誇大不實或荒謬無理的指控。

　　娘家就是女兒的後台，娘家的態度直接影響女兒在夫家地位的高下與受重視程度。當面對夫家不可理喻的抱怨，娘家更要溫和堅定，不容許對方得寸進尺、予取予求、侵門踏戶，如果問心無愧，也要讓女兒確信自己絕非對方口中的一文不值、一無是處，鼓起勇氣勇於面對指控，化解衝擊。

　　男婚女嫁各自離開原生家庭，組成一個新的家庭，最重要的使命無非是好好經營「自己的家」，而非一味滿足對方家庭的需求。雖然結婚是兩個家庭的事，但人家女兒畢竟不是到府上幫傭40年，況且，身為長者，在別人父母面前數落對方子女的不是，不但當場打臉親家，也非常不得體，對於姻親關係甚至小倆口的感情，殺傷力可觀。冷靜想想，兒子成家立業，娶妻生子，究竟是要滿足自己（父母），還是成就子女本身？你們希望因此雞犬不寧還是家庭圓滿？只要想清楚這點，許多無效評論抨擊，其實就顯多餘了。

沒有一個娘家立志教育出不得體的新娘
母親的自信同時也捍衛著女兒的尊嚴

母子過招
路人靠邊站

管他百歲派還是親密派，
妳自己就是一派

　　每個準媽咪從確認寶寶已平安「入住」起，十個有八個會直奔書店或網路書店，橫掃所有育兒教養相關書籍，另外一個即使沒花錢買也正四處跟人家借閱，恨不得在第一時間就提供寶寶高水準胎教，德智體群美從胚胎培養起。養出傳說中的天使寶寶，似乎是每個媽媽最崇高的理想。

　　咦，那還有一個沒去買書也沒去借書的呢？還在放空嗎？媽媽通常分成兩派，有積極好學派，當然也有自然野放派啊！教養從來就沒有一定的規範準則，即便什麼都沒有準備，從懷孕到生產也是一件再自然不過的事，我們多少都有聽過老一輩的人說起以前自己懷孕生子的事，很多人甚至是

　　農活忙到一半，就直接在田邊生小孩了，聽起來跟去超商買養樂多一樣自然，當年的阿嬤一口氣就生十來個，頂著大肚子還要做事，連餵飽小孩都來不及，哪有時間胎教？

　　如今，打從準備懷孕開始，就有一大堆資訊湧入妳的腦海：懷孕時要補充什麼營養素、聽什麼音樂、看什麼書……突然會有一堆「過來人」教妳這樣吃那樣做，如果剛好爆出什麼食安危機，那就只能吸收日月精華來滋養胎兒了。

　　坊間育兒教養派別令人眼花撩亂，專家說的都非常有根據有道理，醫生的囑咐也頭頭是道，街坊鄰居、長輩姑嫂的經驗傳承更是目不暇給、供過於求。到底要刻意訓練寶寶睡過夜，還是等孩子自然睡過夜就好？到底親餵好還是瓶餵好？到底要用水洗屁屁，還是用濕紙巾？紙巾要買純水成份還是滋潤款？接下來進入副食品階段，學問就更多了，上菜市場包山包

海的買了一冰箱的食材，以神農氏嘗百草的精神，讓寶寶陸續漸進嘗試所有食物原形，再一一篩檢出過敏原。在我們如此小心翼翼的同時，長輩卻冷不防地餵食寶寶蜂蜜水、葡萄糖水、螃蟹泥……令人措手不及，膽戰心驚。

「啊～醫生說1歲以前不可以吃蜂蜜啦！」

「麥聽伊歐北共，你小時候我也是這樣養大的！」（我的老天鵝，我命真硬！）

每當寶寶哭哭啼啼，一整天都有人心疼的輪流抱在懷裡，但也開啟了開心到別人，苦到老北老木的時光了。連巷子裡的野貓都歐歐睏的夜裡，夫妻倆還輪流抱著內建「床鋪感應偵測器」的寶寶，才剛要彎腰放進小床，連屁股都還沒沾到棉被，明明眼睛已經闔上，卻瞬間感應到床鋪一般，瞪大雙眼、嘴角一撇號啕大哭起來。此時隔壁房就會傳來關切：「卡緊抱起來啦，哭得多可憐啊，心肝喔！」殊不知老北老木已爆肝喔！小人兒打亂了全家的作息，極差的生活品質、混亂的教養模式，日復一日，讓新手爸

媽無所適從，恨不得跳進馬桶裡！

　　孩子的哭聲唯有父母可以解讀，父母深知孩子的一顰一笑，明白他們當下的需要，所以一定能找出和孩子合作無間的方法。妳可以聽取經驗，但並非全盤接受，生兒育女不是做樣子給外人看，或者是要應付誰的。外人不會半夜起來幫你搖哄孩子，也不會在你手忙腳亂時幫你燉煮副食品，更不會在孩子生病時寸步不離守著。如果真有問題或疑惑，最適當的方法還是直接請教寶寶的兒科醫生，信任他們的專業。老祖宗的方法有些固然有其智慧，但新時代的知識還是值得照護者吸收學習。

給菜鳥父母的OS.

哺育下一代是上天給我們的職分，也是與生俱來的能力，沒有父母會讓孩子挨餓，相信自己的育兒基因，開心育兒，育兒開心！

老木一向玩真的！

「每次出門都這樣！」

「每次吃飯都這樣！」

「講過幾次不可以這樣！」

「下次不能這樣！」

「叫你不要這樣還這樣！」

相信為人父母對於這幾句台詞超有既視感。

明明喊肚子餓，一上餐桌就挑三揀四；拿湯匙筷子的手總是瞬間失能，但搶餅乾果汁卻很神速；上學日都像卡在床板裡一樣挖不出來，週末早晨卻準時「洞拐洞洞」站在爸媽床前，著裝完畢表示可以出門了；一進到百貨公司玩具區就拉不走，上演星際大戰；在外面吃飯完全沒有形象可言，以至於爸媽臉皮日益增厚有如銅牆鐵壁，有時甚至會聽到旁人悠悠補一槍：「爸媽都沒在教的啊?!」理智線瞬間斷裂，只能摸摸鼻子鐵青著臉，火速收拾，手刀逃離案發現場。

天地良心，我們明明有在教小孩啊，怎麼會沒有教（抱頭）?!

學齡前孩子真的不是照書養就能乖乖聽話好棒棒。每個孩子天生的特質融合了父母的氣質，後天又受家庭環境的潛移默化，對付100個孩子，使出101招都不夠，明明隔壁王太家小孩棍子還沒拿出來就乖乖就範，怎麼我家吃了幾頓竹筍炒肉絲還是照樣起番？難道王太的棍子比較厲害？

跟孩子約法三章，
不要條件交換

　　其實我相信，採取「事不過三」「老娘跟你玩真的」這種有原則的態度及獎懲方式，小孩一定比較受教。同樣是犯規、做錯事，老北早上心情好，隨便訓斥兩聲就應付帶過；下午老木被倒會，就翻舊帳拿早上的事繼續開扁；出門吃喜酒，小孩鬧場，怕場面難看長輩碎唸，趕緊塞糖塞玩具哄騙：「你乖乖，等等給你買……」「你聽話，等等就可以吃……」這種橋段和場景幾乎每天都在家家戶戶上演，身為「甲方」的父母，請停止這種條件交換，而且「乙方」（孩子）其實並沒有資格跟你終止合約甚至斷交決裂！你不必要這樣破壞原則威脅利誘。

　　父母的原則，必須前後貫徹且夫妻一致，孩子才不會心存僥倖、鑽漏洞無所適從。若你剛剛怒吼：「一週都不准看電視、用平板、滑手機！」就

算家裡剛買了豪華超大液晶銀幕或家庭劇院，就算剛好有一部叫好叫座的電影、世足賽正如火如荼開打，在小孩面前，也要無視於它的存在，哪怕小人兒在旁邊哭倒長城、摔杯摔碗、絕食拒睡，你寧可砸爛電視（誤），也不能拿起遙控器啓動它（只能等半夜小孩熟睡後偷看，而且絕對不能被抓包）！如此，只要電視停擺一天，家裡一整天都靜默無聲，就足以讓孩子體驗到因為無法遵守家規，以致某部分權利被剝奪的感受，這才是最有效且理性的處罰。

「再這樣要打屁股了！」
「我真的要打手心了喔！」
「我真的真的真的真的真的要打下去了喔！」
「我數到3喔！」「1……2……2又1/2……2又3/4……」

到底哪一次是講真的？

孩子總有辦法胡攪蠻纏到父母忍受的臨界點，也會不斷測試、挑戰父母的極限，甚至當發現苗頭不對，還會非常靈敏地立馬停止撒潑，動之以情，發動「媽咪抱抱」「我會乖乖」攻勢，企圖遏止父母的怒火。而你也總是一次一次相信，孩子這次真的有好好反省，立志重新做人，直到不久後的下一次，小孩再度讓你的理智從斷線到粉碎。

姑且不論虎派貓派教育，也不論斷人本或者體罰，每個父母都有自己的管教準則，但一定要把持一致的原則說到做到，且不在盛怒下處罰，或許這樣做仍不會一次見效，但幾次下來讓孩子清楚你的界線後，孩子就真的受教了！

 給父母的OS.

有時我們會擔心管教孩子太多原則而少了彈性，然而只要父母給予孩子一個
安全範圍和基本原則，反而能帶給孩子安全感。

孩子的胃口，
是妳養出來的

　　每到孩子們的用餐時段，就是媽媽理智斷線裂化成灰的時候。常聽到很多媽媽抱怨：

「我嘗試了很多方法，不聽就是不聽啊！」
「煩死人了，一頓飯吃快兩小時，一口飯含在嘴裡一個小時。」
「餓他也不怕啊，從早鬧到晚就是不吃！」
「天上飛的地上爬的洞裡鑽的，能煮的全端上桌了，就是一口都不碰！」

這讓我想到部落格創建之初，經紀人問莎拉願意宣傳產後瘦身嗎？莎拉竟秒回絕，讓對方愣了一下。

莎：「因為我無法忍受飢餓！」（沒路用的傢伙）

經紀人：「……」

為什麼岔開話題突然提到我薄弱的意志力？我只是想表達，這個世界上只有極～少數的人對食物沒興趣，剩下不吃的人，不是不敢吃，就是腸胃炎。所以，沒有人，特別是小孩，可以一直一直一直都不餓也不吃飯！

父母們不妨捫心自問，眼前這小子真的可以三天都不吃一口食物嗎？跑跑跳跳一整天，真的可以連水都不喝，滴奶未進？仔細拷問父母和背後的一群隊友得知，孩子從早到晚不肯吃媽媽用心準備的健康餐點，大人費盡心思、絞盡腦汁，眼看已過了晚餐時間，小孩不吃就是不吃，於是大人深怕孩子餓到頭昏眼花神智不清，身高倒縮智商退化，便飛奔出去買了雞塊薯條回來，邊看孩子吃得津津有味，嘴裡邊叨唸：「下次不能這樣了喔，我再也不會買這些給你吃了！」像這樣爸媽自己先投降，「敵人」連仗都不用打，妳還傻傻奢望他下次會吃你煮的東西嗎？

　　「怎麼可能都不餓？吃這麼少都要成仙了！」
　　「總不能就餓他不給他吃啊！」
　　「就我媽啊，說吃一點點零食沒關係……」
　　「我說過不准給他吃糖果餅乾巧克力，但長輩覺得我大驚小怪，然後一直偷塞給他。」

看來，不受控、不懂指令的不只是小孩，很多長輩亦是如此。

如果無法排除此內憂外患而自亂陣腳，那就只能繼續看著小人兒飯前飯後兩包餅乾，正餐只吃兩口了。有時家人會因此要求你嘗試各種菜色、準備滿漢全席，讓主子欽點愛吃哪樣就吃哪樣，中式、西式、日式、法式、清粥小菜、酒席功夫菜……統統端上來，但這樣其實也只會養成孩子挑嘴的習慣，並不能幫他建立良好的飲食習慣，而且最後累的還是自己啊！

給老木的OS.

妳買什麼，孩子就吃什麼。
妳不是廚子，客人點什麼妳煮什麼。
堅持自己的愛心健康菜單，想辦法讓孩子配合「媽媽廚房」的餐桌原則，
孩子才有可能乖乖吃妳親手做的飯菜。

比上內傷，比下哀傷

孩子從小到大，總是伴隨著一堆排名：身高體重百分比、考試成績、比賽、運動名次……但這些都不是起頭，因為人生真正的起跑點，其實是在產檯上啊！

打從一出生秤斤論兩；接下來每個月例行檢查，都像金氏世界紀錄一樣被追蹤：王太太家1個月就睡過夜，張三家6個月就坐得直挺挺，李四家10個月就走甘那飛，王五家1歲就戒尿布，陳六家2歲小星星會倒著唱；劉七家4歲就去考皇家音樂檢定合格……看著自己小孩樣樣不如人，吃沒別人多，跑也沒別人快，講話還臭乳呆，每到聚會場合都當墊背綠葉，還常被

質疑沒有盡心教養，搞得自己也猶豫是不是應該送去上什麼全能菁英班，才不會埋沒了孩子的潛能。

最常聽到人家說：「妳要訓練他爬啊」「妳要教他走啊」「妳就塞給他吃啊」「要趕快戒尿布啊」甚至看到小寶寶卡在遊戲柵欄哭得死去活來，還不忘阻止媽媽上前幫忙，直嚷著：「別幫他，讓他爬啊，快爬啊！」小

孩肌肉發展都還沒完全，到底是要怎麼爬？寶寶每個月都有定期檢查，有專業醫師追蹤孩子的生長及發展進度是否延遲或提早，正不正常，這些標準並不是跟親戚朋友、街坊鄰居，甚至是長輩的經驗比較出來的，舉凡翻身、坐、爬、走路、說話、字彙能力……等，皆有其彈性空間，所謂的七坐八爬九發牙也只是參考而已。

　　尤其是戒尿布這件事，有時竟演變成一種羞恥。就像有些年紀大的長輩會尿失禁一樣，我們會去指責難他們為什麼不好好憋著嗎？老人家是退化，小孩則是尚未發育完全，兩者都情有可原。雖然部分孩子可以透過「訓練」提早戒除尿布，但放眼身邊有幼童的家庭，平均都是到3歲左右

我這沒路用的老母...

什麼都輸給別人

對不起列祖列宗阿我

才能真正戒掉尿布。莎寶在美國幼兒園也是約兩歲半開始學習上廁所，並且允許小孩帶著尿布上到3歲。若強制戒尿布，甚至有可能導致小孩看到馬桶就心生抗拒的反效果，因而故意憋尿忍便，寧願尿濕10條褲子也不願坐上馬桶，只因為大人讓馬桶成了他心中的陰影。

莎寶就是典型「時間到了自然就會了」的孩子，我們沒有刻意或強制訓練，半夜有尿意，他自然就會表達，一切順其自然，何必急於一時？

最後我要說，神童之所以叫神童，代表稀有珍貴，5歲會琴棋書畫、7國語言、前滾翻後空翻的人真的不多。比上不足會內傷，比下有餘也沒什麼好得意，讓孩子按照自己的時間表，輕鬆做自己吧。

給父母的OS.

養育之路不需要走得戰戰兢兢、草木皆兵，
在生長發育上有疑惑，請盡速請教兒科醫師，
倘若醫生的確診斷出發展遲緩等問題，也請相信專業，
不要自我安慰「大隻雞晚啼」而心存僥倖，
以免錯過學齡前的黃金治療期。

相信老木的直覺

　　當孩子感冒流鼻涕、上吐下瀉、高燒不退時，爸媽第一個舉動就是拎著孩子直奔醫院或診所。相信大部分父母都認同，病菌侵襲刻不容緩，必須趕緊解決以絕後患。但如果你的孩子其實是發展遲緩呢？從不開口說話、眼神不對焦、過度偏執、情緒異常且易怒、大動作笨拙、不會回應他人……等，你會在第一時間帶去給醫生評估嗎？

　　一般父母通常會花些時間觀察、翻閱書籍、網路爬文，以印證內心的疑惑。有時或許真的只是孩子對於環境不適應，或者單純只是當下情緒不好而已，但當這些疑惑並沒有隨著時間和空間改善時，甚至連旁人、醫生、學校老師、保母都提醒要注意，很多父母卻反而充耳不聞、自我安慰選擇逃避。而且很多人也會這樣安慰你：「大隻雞晚啼，免驚啦，長大就會好了！」沒想到，孩子就這樣錯過了黃金治療期。

莎寶的兒醫分享過一個案例：

孩子2歲時，檢查評估為語言發展遲緩，建議家長除了多練習以外，必須尋求語言治療師的協助。家長拖延到3歲評估時才驚覺大事不妙，已經落後同齡小孩太多，因此造成孩子在人際、就學各方面產生障礙和困難。醫生表示，許多家長無法察覺其嚴重性，總覺得孩子還小，有那麼急嗎？殊不知正常的孩子在學習吸收的速度之快，本來也許只是落差幾個月的進度，一拖延的結果就是遙遙落後。

一般孩子到了一定年齡，通常都能靈活表達喜怒哀樂及生活需求，但發展遲緩的孩子，卻依舊停留在極少量的單詞表達，無法順暢傳遞情緒和需求，事事必須倚賴父母協助，無法自理，只會哭鬧。

千萬別自欺欺人：
沒這回事，我的小孩很正常！

曾有位母親非常焦慮地寫信給莎拉，她知道自己孩子有狀況，但家中長輩聽到後卻將她痛罵一頓，連丈夫也不認同她。傳統觀念認為，小孩不正常、被貼標籤，是一件家門不幸、極羞恥的事，更不容許自家孩子精神上被認定有狀況，因此不准帶去看醫生，也不准去領什麼身心障礙手冊。「孩子不聽話、無法融入社會，都是媽媽沒有教。」「不會說話、走不好、常跌倒，都是媽媽沒有教。」這些逃避現實的鴕鳥心態，將所有過錯歸咎於人為因素，尤其是歸咎到媽媽一個人身上，只為了長輩不值一文錢的面子，而斷送可以讓孩子恢復正常的黃金治療期，才是大人該感到羞恥的，實在是一大遺憾。

孩子只能倚靠父母，明明看到問題卻視而不見，就算是神仙下凡也救不了。甚至有案例是，老大明明過動自閉，卻從不就醫，老二一切正常，父母怕丟臉，出門都只帶老二，絕口不提另一個孩子，彷彿他只是養在家裡的隱形人。

　　我也是過來人，當我第一時間知道孩子的狀況時，痛哭過後我告訴自己只能哭一次，抹乾眼淚後，當務之急就是與丈夫一起告知長輩，無論旁人接不接受，我相信專業醫療與協助。我們在最短時間內搜尋出所有資源與支援，以最快的速度立刻安排兒童心理發展評估，我很清楚，我沒有時間浪費，孩子的成長不會因為成人的憂傷而停止。不要讓「障礙」兩字成為

父母心中破不了關的大魔王，當你正視並積極面對問題時，問題其實已經解決了一大半。

　　莎寶在休士頓，關於兒童發展問題的檢測評估，公費至少需要等候半年以上，自費也需要兩個月的排程，一小時的諮商費高達1000多美金。錢雖然花得很痛，但我能在第一時間掌握孩子的發展進度，知道何處需要加強，何處不用擔心，何時要再追蹤，聽從醫生給予的專業建議，配合學校老師的觀察，在父母的引導下，一路走來讓我們感到安心順利且目標明確。孩子在多方配合下的進步也突飛猛進，如今莎寶非常享受團體生活，各方面水平也都與一般孩子無異。

相信做母親的直覺
不要逃避害怕
不要求神問卜
不要聽信謠言
請找專業醫生
寧願花錢，也不能錯過
黃．金．治．療．期

給父母的OS.

親愛的爸媽們，若你發現小孩發展有問題，第一時間不是逃避，也不是求神問卜，而是尋求專業協助。

孩子的健全發展完全值得你花錢和花時間去評估檢測，特別是像台灣醫療的便利快速，若不善加利用，及早讓孩子接受治療，豈不是太對不起孩子了。

小魔鬼的固執，
其實是好事

你會用哪些詞彙，來形容家裡的小人兒？

盧小小、很番、講不聽、花格格、跳針……

這個小孩每天都像在跟老北老木作對一般，你說要，他偏不要。動不動就「鼻要鼻要鼻要」到天荒地老。唱反調、哭鬧、地上打滾、攻擊老木、摔玩具、摔老木手機（誤）……樣樣都來。當老北老木理智線成了麵線糊，用功一點的會自己翻書爬文，卻得到一句「固執是正面發展」。

其實那不是固執，而是意志堅定

　　若按照這個邏輯，老木愛亂買血拚，也可以解釋成不是敗家浪費而是品味卓著嗎（趁機亂入）？

生氣就可以看電視；

哭鬧就不用吃青菜；

我還可以再試探他們的底線嗎？

是不是在地上打滾就可以買佩佩豬呢？

說好的家教呢？有在教嗎？

每次都在要遲到的時候起番；

每次都在上館子的時候哭翻；

每次都在買東西的時候耍賴；

　　從好言相勸到劍拔弩張，連家法都請出來了，換來的竟是：被兒子怒罵（用我罵他的樣子）、被兒子處罰（他叫我去罰站）、被兒子討厭（他說他不喜歡我了）……老木的玻璃心碎了一地。

　　兩、三歲的孩子，正在學習捍衛自己的權益，你越嚴厲他越固執，天皇老子來都一樣！

　　就像愛馬仕打折到一折，老公還是不准妳買（豈有此理）！

　　特別是當他們開始說出「我的、我的、都是我的」，正是他們成為一個獨立個體的過程。我們現階段的工作只能不斷找出固（起）執（番）背後的動機。此時並不是不能處罰，但小孩現階段大腦就還沒長好咩，太過嚴厲的處罰也沒多大效用！

　　莎拉花了好長的時間，被主婦朋友訓斥了一番才恍然大悟，原來自己一

直在做無效的行為，反倒逆向促進了經濟發展，讓顧喉嚨的川X枇杷膏月月進貨……爸媽們不要害怕，好在專家說了，這個鬼打牆狀態不會持續一輩子（鬆一口氣），全天下99%的小孩都曾是這樣，你絕對不是唯一一個在路上顏面盡失的家長。

專業諮商心理師——瑾玲兔子建議

固執（自我意識）是好事，但要學習怎麼表達與人溝通，推人、打人、拿東西丟人就是不可以，孩子會用盡各種手段想要大人注意或理解，但規矩就是要道歉，不肯道歉自然會被處罰。

例如：沒有任何人陪玩、取消人際與玩樂活動、直到認錯道歉為止。

該遵守的規矩還是要把持，處罰之餘還需要找出動機，甚至可以談判。就算覺得大人以大欺小，也不能允許他只要動機得當，任何行為都可以被接受。

教養是門大學問，彼此共勉～

任性

摔東西

哭鬧

攻擊

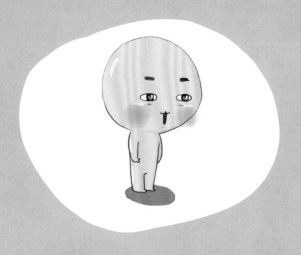

第4趴
與豬（神）隊友同行

結婚前，
摸清準婆家底細

　　結婚前，妳常會這樣自問：眼前這個憨厚老實的純情男，或者風度翩翩的歐巴，到底能不能一起共組家庭？光靠交往約會，其實只能窺探對方的一半，畢竟出門約會誰不是人模人樣！

　　大概有八成以上的女孩，婚後都會覺得老公被外星人綁架，眼前這個挺著啤酒肚、歪七扭八癱在沙發椅上、兩眼空洞滑著手機或盯著電視，彷彿發芽的馬鈴薯在沙發上落地生根，絕非地球生物。婚前甜言蜜語，情話綿綿，婚後兩人之間的對話卻只剩「晚餐吃什麼」「累死了」「我去睡了」；無論妳病得死去活來，還是身懷六甲舉步蹣跚，跟在他身後收拾打掃，滿頭大汗打包垃圾，他彷彿青光眼般什麼都看不見，而且完全不知廉恥地邊抓肚皮邊問：「腦～婆～今天怎麼沒削水果？」讓妳頓時很想賞他一把小李水果刀！

他的父母就是你們
將來的縮影

　　另一半會走鐘至此，除了有一部分是被賢妻寵出來的，絕大部分還是傳承自原生家庭，所以，婚前務必要認識這個男人周遭的家人、朋友，並且

觀察他老北老木的互動，這些都關乎你們婚後的相處。時不時潛入他家，啊不，是經常拜訪他家，約會不單只是在外面吃，最好也能見到他與家人最真實的日常生活互動。

家裡的環境、擺設、整潔，從妳一踏進門開始，就能嗅到許多透露出這個家庭氛圍的信息。特別是夫家父母的互動。如果你的準公公是十指不沾陽春水，半步不入遠庖廚，任何大小事都只管坐在椅子上出一張嘴，拉長脖子對另一半呼來喚去，還要指指點點、囉囉嗦嗦、挑東嫌西，相對的，婆婆又太能幹，上至水電土木下至裁縫烹飪無一不精，寵得全家成了重度殘廢，什麼都不會。準婆婆也許很享受這種被需要「非她不可」的感覺，

所以心甘情願為這個家做牛做馬鞠躬盡瘁。但換位試想，妳是否也能像她一樣無怨無悔樂在其中，就有待思量了。

那些婚後夫妻倆一起洗碗、看到妳洗髒衣服會心疼妳手粗糙、把馬桶尿髒會自己擦乾淨，順便把馬桶蓋放下去的畫面，真的都只是妳幻想中的癡人說夢。準公公若總是對準婆婆頤指氣使、大呼小叫，甚至動手動腳，請妳好自為之，務必深思熟慮。妳的另一半甚至有極高的機率，會認為妳理當像他老木一樣，為他做牛做馬。

婚禮只有一天，蜜月也不過數日，婚姻卻是朝夕相對數十年，若能及早發覺苗頭不對，尚有退路抽身閃退，天涯到處都是草，何必眷戀一攤泥？

給對婚姻滿心期待的妳

根據統計，許多婚後外遇的男人，其實是在複製自己父親的行為，而妳的加入，只是跟他一起複製了他父母的互動。
父母是子女第一個學習典範，有和睦的家庭，才有人格健全的成員，家庭的體質，比起外在條件更需要所謂的「門當戶對」。
那些一見鍾情便永浴愛河的情節，就讓它留在童話故事裡，現實生活中，王子還是會變成青蛙，勸妳摸清底細再嫁！

腦婆，
妳當初為什麼嫁給我？

　　如果老公這樣問妳，代表他的良心還沒有被狗吃掉，似乎仍在意老婆看待他的眼光，所謂孺子可教非糞土也，或許該感到一絲欣慰與慶幸。

　　結婚前一天是小姐，當天是新娘，隔一天就變成人家「老」婆。另一半之前努力深呼吸收起來的小腹也瞬間解放；婚紗照上的帥氣型男，一夕間走鐘成沙發上的流浪漢，在妳面前挖鼻屎、摳牙、打嗝、放屁都自然到若無旁人。整個人幸福肥也就罷了，肥肉從來都阻隔不了兩人的愛情，但若性格也一起走鐘，開始耍廢擺爛、厭世無能，甚至開口閉口「我媽媽我媽媽說」，妻子情何以堪。

　　老婆願意嫁給你，是因為：

　　你吃飯不囫圇吞棗，願意配合她的節奏；

　　在街上總讓她走裡面，有紳士風度保護她；

　　和她見面時儀容整潔，不帶口臭和眼屎；

總是主動幫她提重物，記得某些日子需要驚喜；

你說有了孩子會當個盡責的好爸爸；

你爸嫌媳婦學歷不夠高，你總袒護說真愛無敵；

你媽挑剔她高攀你，你緊牽著她的手說「不會讓妳受委屈」……

她願意嫁給你，是因為深信婚姻不是墳墓，你會一直對她呵護備至。

現在的你，還記得娶她時的初衷嗎？千萬別讓她覺得誤上賊船啊！

讓我灌醉自己先……
我也很想知道為什麼

這個問題…

給人夫的OS.

我相信你總想將自己最棒的一面呈現在心儀的女孩面前，

但要記得，婚前偽裝越多，婚後地雷的威力就越強。

真實的呈現自己，有肩膀的實踐諾言，

老婆為什麼要嫁給你，其實根本不用問！

腦婆，
妳以前很愛笑せ！

週末下午，拿著戴森吸地板，順便跟一隻逃竄的蜘蛛搏鬥。這時阿宅從旁邊冷不防冒出來：「北鼻，妳怎麼都不笑呢？多笑笑嘛！」明知山有虎偏往虎山行的代言人，簡直非他莫屬！阿宅完全直搗黃龍，抱著入虎穴踩虎屎的精神，我只能說他真有種！既然他都這麼白目問了，我也就不客氣地回答了。

為什麼女人結了婚，往日那青春甜美、傾國傾城的燦爛笑靨就不見了呢？

為什麼女人婚後就不太笑了

每天看到家裡髒亂不堪，時不時還必須與小強搏鬥

絕大多數的人妻都期待自己家能像某北歐家具展場一樣清新宜人，但要達到這種境界，通常只有家具剛就定位的那一天才有如此光景，偶爾，在每次剛整理完後的5分鐘內，也許勉強可以維持。大部分的時間，玩具總是在地上滾來滾去，雜誌總是堆在唯一的淨土，桌上總有一坨一坨衛生紙，沙發上滿布吃完薯片油膩膩的手指印。但全家人都對此視而不見，裝死就不用收拾，擺爛一定會有人整理。套句朋友說的，每天彎腰撿東西200回真是一點也不假，是要怎麼笑得出來？

偶爾隊友佛心大發自告奮勇做家務，卻經常突然失智

「啊～我沒看到那邊還有碗……」

「啊～我忘了那些衣服也要洗……」

「啊～我以為已經曬好了……」

「啊～不是我喔，我明明有做！」

我知道隊友是需要無限上綱的褒獎與激勵，才能使其力求上進，好還要更好！但每次事情只做一半，或做得2266也要說他好棒棒實在有違良心，而且何嘗不是在鼓勵他有做就好！

碗沒洗乾淨，看油花在碗面上閃爍就知道。

衣服洗完沒有晾，悶出霉臭味只好重洗。

垃圾沒有倒，導致小強全家都移民過來了。

只好趁全家都睡後，捲起袖子自己再重來一回。

這樣，怎笑得出來？

【女人笑不出來的理由】
被視而不見收無止盡的家務

【女人笑不出來的理由】
委託的家務馬虎潦草越幫越忙

大家白天都有工作，回到家都需要放空休息

老公邊照顧孩子邊滑手機、看電視也**OK**，但是顧到孩子從沙發上滾下來，還撞了前額夾了手，嚇得老木左心室血液倒流，氣到右腦中風。這樣，怎笑得出來？

無論全職媽媽還是職業婦女，家事都要包辦

日出而做，日落卻不得息，三節沒獎金，白天跟上司顧客鬥智鬥法，下班時間跟車流搶速爭道，不管有多疲憊，踏進家門彷彿又是一天工作的開始。若家人能一同分擔，或許可以準時10點熄燈，若把所有家事統統留給其中一人去忙，就得獨自奮戰到半夜，至睡方休。還沒進入深層睡眠，天又亮了……

兩人都累到要升天了，家事到底誰來做？

登愣～不如花錢請清潔阿姨吧！

特別不想做的那方無權拒絕；

他的老北老木幫不了忙，更不准攔阻；

【女人笑不出來的理由】
手機育兒更會因不專心造成危險

不想做的人就花錢了事，如此一來，皆大歡喜！

什麼？沒錢？浪費？做不到？

那～掃把在陽台，去掃！

碗在水槽，髒衣服在洗衣籃，去洗！

小孩在地上，去撿！

【女人笑不出來的理由】
即便白天也要上班
就算居家育兒一整天
這些事還是自己的
至死方休

給人妻的OS.

無論用哪種方法解決家事，

都要記住：沒有什麼比夫妻感情和睦更重要的事！

為了繁瑣的家事雜務，破壞夫妻感情傷了全家和氣，實在不值得！

馴夫前先喚醒睡獅

　　婚姻兩性專家不斷教導女人要有智慧，不要動不動生氣就潑婦罵街。男人這種生物，需要用無限褒獎讚美激勵，方能開啟大腦進化開關。河東獅吼只會讓他們越來越退化，越來越失智，越來越需要長照看護。雖然大多數女人都認同，但內心卻充滿煎熬。

　　身而為人，在地球上存活的基本能力，應該從小做起：

好比，吃完飯收碗筷。

好比，大小便沖馬桶，大便沾馬桶自己刷。

好比，髒衣髒褲臭襪子放洗衣籃。

好比，湯湯水水灑一地不能視而不見。

好比，維持乾淨整潔的儀容。

好比，每天刷牙。

好比，言行舉止彬彬有禮。

　　再舉例下去，感覺自己好像在幫幼兒園小朋友立生活公約一樣，3歲半的莎寶就正在學這些事，每當他做到時，都會得到讚美和肯定。但家裡的那個「大兒子」，卻不見得講得聽、叫得動、學得會。人妻當然很難由衷讚美，甚至越讚美越火大，覺得自己很智障。

大便卡住我
有自己刷喔！
很厲害吧～

對！好棒棒

吃完我會自己收
很厲害吧～

對！好棒棒

人妻，
妳是挽救原生家庭的救世主

　　許多家庭對子女從小不當的打、罵、寵、溺，花幾十年卻教出許多心智能力只有5歲的大男孩。當人妻發現自己原以為的「天」根本手無縛雞之力時，除了驚恐，只好硬起來自己成為撐起這個家的梁柱。對此，她既失望也不敢奢望，彷彿步入婚姻，是為了解決、彌補配偶原生家庭視而不見的生活教育問題。5歲男孩需要的是保母和幼兒園，不是人妻啊！我們不必背負彼此原生家庭的錯誤期待和先天不良，更無需自責沒扮演好賢妻良母的角色，以「端正」並「激活」沉睡中的睡獅（另一半）！

對，我知道老公是
需要被崇拜讚美的生物。
太太對於他們的進步，
都要竭盡洪荒之力，
讚賞到尾巴翹起來。
不能雞蛋挑骨頭
不能冷熱嘲諷

可是....

　　相信每個人夫都渴望成為被妻子和孩子崇拜和愛慕的丈夫與父親，可惜大腦記憶體對於如何共組家庭這一區塊卻是空白模糊的，因為他的父親就是這般對待他的母親，他的母親一直是以吃苦耐勞、逆來順受順服另一半，並且繼續延用錯誤的方式教養下一代。

　　但是，要跟他過下半輩子的人是妳，在妳有智慧的正確引導下，他也能從5歲進化到25歲、35歲，並逐步展現自信與骨氣，成為讓自己和全家感到驕傲的獅子。

你有權保持緘默，
你所說的一切會變呈堂證供

　　許多人妻一直想不通，明明另一半當初山盟海誓，說會好好照顧自己一輩子，婚後第一個且努力不懈挖坑給老婆跳的，竟然就是這個傢伙，而且還幫忙填土！

　　每每媳婦被欲加之罪莫名指責：家務沒做完、小孩沒教好、長輩沒好生伺候、沒幫小姑洗碗、回娘家坐月子、照顧娘家年邁父母……統統都是媳婦的錯。老公就算在案發現場也會恍神眼瞎耳聾，不但不出面調停緩頰，反而默默裝死飄過，最卑劣的還會趁亂打劫再補一刀，對著老木擺出一個無辜的小狗眼：「不關我的事，我什麼都不知道啊！」

當下不但氣得想休夫，還想去磨刀。矛盾的是，事後夫妻倆獨處時，老婆委屈聲淚俱下，老公卻又盡力安慰或數落老木不是，既然如此，當下為何沒有站在我這邊呢？為什麼要眼睜睜看著我受這些鳥氣，自己卻龜縮默不作聲？其實老公的反應很正常，因為他也不想當受害者，既然有了替死鬼，又何必自己去送死。即使他和家人內心深處其實都明白，這些責任都不該是媳婦一個人承擔。

家務做不完，看了心煩也不想自己做，只好找媳婦出氣；
女兒懶散不洗碗，但不想承認自己沒教好，只好找媳婦出氣；
媳婦回娘家，家事全都要自己動手，只好找媳婦出氣。

還沒有媳婦以前，倒楣的可能是全家人。在婆婆大人盛怒的當口，誰出頭誰倒楣，戰火甚至會殃及無辜，所以當然不說話，此時保持緘默比較不會有事。

今日已打烊，明日請撲倒

　　夫妻倆白天都要工作，晚上又被一個小孩忙得團團轉，同時還要處理家務，維持良好的親密關係固然非常重要，但也非常困難。

　　打從接小孩回家後，就是一陣兵荒馬亂：吃飯、陪玩、洗澡、故事、哄睡。好不容易小孩睡著後，還要洗碗、收拾、檢視明天工作進度、洗衣，等到洗衣機終於嗶嗶作響，拎著一大桶衣服準備曬時才驚覺，蝦毀？竟然已經半夜了！

　　原本和腦公打算恩愛一番的約定，已被完全拋諸腦後～

當老公處理完公事後進房，老婆已經睡死。

當老婆哄睡小孩進房時，老公早已睡到打呼。

好不容易終於有一天兩人可以同時躺上床，但也同時秒睡。

難得一起上床，且興致勃勃精神好，小人兒卻突然闖入（眼神死）。

給飢渴夫妻的悄悄話

我只能說，良宵可遇不可求，把握時機！
若沒有抓準時間，錯過這班車，可就一去不回頭，下一班不知道何時才會來啊！

錯過夫妻恩愛時光的原因
妳睡著了

錯過夫妻恩愛時光的原因
老公睡著了

錯過夫妻恩愛時光的原因
妳們都睡著了

錯過夫妻恩愛時光的原因
得陪睡

錯過夫妻恩愛時光的原因
沒得睡

第 5 趴

婆家就是妳家
攻略

婆家不是
離婚養成班

　　居高不下的離婚率，真的只是大環境使然？工時長、低薪、外界誘惑等，都只是間接原因，真正離婚的導火線，通常就在你家裡！尤其是家中長輩，常常在無意間灌輸兒子「如何加速離婚」教戰守則，例如，要兒子錢財一定要藏一手，最好仍由父母保管，不與配偶開聯名帳戶，以防被盜空，這等於間接在告訴兒子千萬不能信任另一半，把聯姻搞得像防賊一樣，如果如他們所言，婚姻一開始就沒有信任基礎，註定會是悲劇，不如不結！

幫助孩子家庭離婚最快的方法
──教導他不要信任配偶

是，老母。

錢的事別給老婆知道，
小心她把錢都捲走。

幫助孩子家庭離婚最快的方法──教導他看輕配偶

是，老母。

他們家書讀不多，見識很低。

幫助孩子家庭離婚最快的方法──教導他懷疑配偶

是，老母。

聽爸媽的就對了，自己人不會害你。

幫助孩子家庭離婚最快的方法──離間他與配偶

什麼！！

我看離是因你老婆好棒棒，但她私底下其實……

幫助孩子家庭離婚最快的方法 —— 批評論斷他的配偶

是，老母。

你老婆抗壓性低，
不討賺又矯多，
早知道你根本就不該娶女。

幫助孩子家庭離婚最快的方法 —— 鼓勵他背棄承諾和盡情外遇

妳腦子還這清醒吧

老母，

XXX家的女兒學歷高，
賺得多，家底厚，
說不定換個女人更好？

幫助孩子家庭離婚最快的方法 —— 欲取代母職

言……

我只是想無時無刻
跟孫子在一起，
難道這樣也錯了嗎？

有些婆家不斷強調自家門楣顯赫，明示暗示沒人高攀得上。其實無疑是在教導兒子自以為是和輕視另一半，視配偶及娘家水平過低，更無法同理體貼對方的身心需求，像這樣婚姻中若缺少基本的尊重，肯定也是悲劇一場。

還有些婆家逼迫兒子萬事得倚賴父母意見，嘴上說是尊重父母，其實只是養出沒有擔當的媽寶而已，以滿足自己意猶未盡，放不下也斷不了的母性或父性。有時塞奶給兒子還不夠，還企圖搶孫子，搶別人的孩子來養，不是只有出現在宮鬥劇裡？

有一種婆家，一邊向親家讚美媳婦蕙質蘭心，一邊卻轉頭逢人就裝委屈，數落媳婦及親家嫌到一無是處，如此這般挑撥離間、擅自論斷子女的婚姻，甚至把自己日子過得不舒心的原因，統統歸究到媳婦身上，也多半會釀成悲劇。

若介入子女或他人婚姻，遊說別人離婚其實也沒什麼，換件衣服罷了，無疑是在鼓勵他，可以對婚姻或另一半不忠不信、不仁不義，不單是婚姻，甚至連職場、人際、親子關係都可以輕易背棄，所以，在你年老力衰時，他就算六不認、棄你於不顧，也不足為奇。

給婆家的OS.

如果你真心希望子女婚姻幸福，講話就要言行如一，
誰挑剔越多，誰的問題就越大！
別讓自己反倒成了子女不幸的元凶。

5-2

這只是原廠設定，
我不是詐騙集團

　　一切，都是從這些美麗的誤會開始～

　　不少長輩茶餘飯後閒聊沒話題，就會端出家裡媳婦來品頭論足一番，一開啓這個話匣子，總是幾家歡樂幾家愁，長輩們感嘆媳婦進門前多麼乖巧孝順、笑臉盈盈，娶進門後不知是著猴還是怎麼了，說不得也不能罵，講她幾句就垮下臉帶孫兒回娘家。臉書上看她整天吃喝玩樂血拚出遊過很

長輩幻想中的阿信媳婦

爽，一點都不為辛苦工作的丈夫著想，更別說像當年的她一樣專心在家相夫教子，勤儉持家，吃苦當吃補……

　　其實，這些都是長輩對於媳婦的錯誤期待，她從來都沒有騙妳，出嫁前她就是這樣，這點她老木可以拍胸證明～

　　她青少年時期就很會硬嘴硬嘰，所以老木曾氣得想扁她一頓；

　　她老北下重本栽培女兒琴棋書畫，只是卻忘了報名烘焙班和縫紉班；

　　她很有主見，所以大學選系時鬧革命，家裡屋頂差點掀過去；

　　她也像其他女生一樣追求流行，如同妳當年也趕時髦穿喇叭褲一樣；

　　她一直想去世界各地旅行，就像妳當年想去阿里山一樣。

計畫到世界各角落看看

獨立有主見

清楚自己的人生目標

有自己的信仰

父母精心教養

接受高等教育

栽培琴棋書畫

工作後給自己買衣服

不奢侈但有品質的生活

這才是真正的她

婚前如此，婚後也是如此

　　這個媳婦或許跟妳想的很不一樣，卻又有些似曾相識，唯一確定的是，她就是她，這就是她！

　　她或許會因為結婚改變興趣志向；

　　她或許會因為家庭少買幾件衣服；

　　她或許會為了愛情選擇不出國深造。

　　無論如何，都是出於她的意願或者心甘情願的成全，

　　而不是為了滿足夫家對她錯誤的期待和幻想。

　　一切都是因為妳只是不了解她。

　　媳婦真的不是詐騙集團啊！（到底是要詐騙什麼？）

進擊的媳婦

　　雖然婆媳間的戰爭從古至今未曾停止，隨著時代進步，衝突點甚至更多，有強勢的夫家，自然也有沒在怕的娘家，過去的文化傳承，女性總被教導三從四德，不要有太多自己的聲音，免得招人閒話。對於夫家不合理的要求，忍忍就過了，而這句「忍忍就過了」，不知釀成多少憂鬱症和家庭破碎。

　　莎拉曾看過一個家族的案例：

　　一心想好好孝敬夫家的乖順媳婦，多半都會扮演八點檔苦情女主角，

既然在一開始就全盤接受所有不合理的要求和待遇，日後一切也都會被視為理所當然，合情合理。但是，當一切被視為理所當然時，對方通常就不會讚美妳或感謝妳，反而對妳百般挑剔。媳婦想盡辦法、極盡所能討好夫家，甚至比丈夫還孝順，但只要稍微讓婆家一不順心，便立即遭到圍剿。這樣的日子，彷彿靈魂被緊緊掐住一般，快要窒息，長輩的一顰一笑，主宰著她的生活作息。

　　而當軟土深耕型的長輩，遇上不按牌理出牌、反骨不屈服權勢的媳婦時，即便在一開始也想下下馬威，卻發現完全沒有施展的空間。媳婦面對不合理的要求，就來個相應不理，從不正面回應，索性就把老公推到第一線，直接交給他處理。久而久之，夫家自覺親情已出現裂痕，與媳婦關係疏遠，而且也沒人理會他的無理取鬧，才肯收手，一改之前頒布聖旨的頤

指氣使。媳婦沒受到半點委屈，和先生感情也非常好，因為父母從來都不是夫妻爭吵的主因，這樣看來，婆家戲份越少，子女婚姻似乎越幸福越順遂。

　　既然有心結婚，縱使時下有些晚輩作風難以被長輩接受，但多數人還是期待以和為貴，真正有教養、懂禮貌的家庭，自然懂得拿捏進退的界線。當妳清楚自己的界限和原則，企圖介入的人便無法見縫插針。嫁出門不代表妳得拋父棄母，喪失尊嚴和人格。唯有自重，才能讓對方家族尊重。

即便進入婚姻，妳還是人生的主人
沒有高低、不合理的順服
只有互敬互重

後宮甄嬛傳在我家？

　　家族中很怕出現這類型長輩，就是在妯娌姑嫂間挑撥離間，興風作浪，引起莫名的紛爭，甚至軒然大波，讓人不禁懷疑，她退休前是搞特務的嗎？只憑長舌八卦便能完全滲透破壞家族和諧，驅使家庭成員彼此懷疑嫌惡，甚至挖坑埋雷，進而互相憎恨，至死方休。只要一有機會便搬弄是非、說長道短，疑神疑鬼，殊不知，妳在講別人壞話的同時，對方也覺得妳會這樣跟別人數落自己。

　　家族中若不只一個媳婦，有些老人就硬要在媳婦間比個高下，從娘家背景、嫁妝多寡、學歷高低、外貌長相，到生了幾男幾女都要一一比較。導致妯娌間橫生誤會，感情失調，同時也讓兒子們覺得自己老婆不識大體，處處說三道四惹事生非。

　　細究之下，其實是因為長輩太寂寞，深怕失去子女關注和重視，他們內心渴望被所有人討好，受人仰賴敬重。只要晚輩想通這點，也不需要隨之起舞，甚至被激怒與姑嫂對著幹，又不是在後宮為了討好皇太后，也沒有共侍一夫，有什麼好爭寵的？

　　女人何苦為難女人，
　　妳們都只是剛好嫁進這個家的同路人而已！

妳小嬸嫁妝兩卡車
打金條又附透天厝
這才叫有誠意啊～
不像某人...

娶媳婦當搶銀行嗎妳？

妳大嫂的女兒6歲
好乖好聽話
嘴甜得人疼
妳要用心教兒子
災某?

他才2歲
話都講不清楚
是要嘴給誰聽?

沒有一個媳婦孝順的
全部都 #$% ^ &*...
特別老大家的
阿晴戠阿嘖嘖嘖...

妳千萬不要說出去
我只有跟阿枝、春花
和里民中心的幾個講而已喔！

妳還跟隔壁鄉鎮
的土風舞班阿桑
講我的壞話

明明是雙重標準，
卻錯把媳婦當女兒

　　不論是發自內心或只是說說場面話，許多夫家在提親時都會拍胸脯跟岳家說：「我一定會把媳婦當女兒看待，好好疼惜！」或者「我沒有生女兒，現在多了一個現成的，疼都來不及！」

　　做人要實在，說話要有誠信，不然事後一直被洗臉，情何以堪。許下承諾前一定要想清楚，你真的做得到嗎？畢竟你們是當著人家父母面拍胸脯

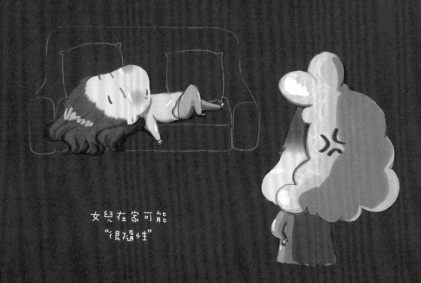

女兒在家可能
"很隨性"

保證，信誓旦旦，岳家才稍稍放心點頭把掌上明珠嫁給你兒子啊！

　　但老實說，沒事還是不要隨便信口開河，把媳婦當女兒看絕對是吃力不討好的事，只有少數修練過的長輩做得到，大概跟絕跡的阿米巴原蟲一樣稀有，否則都只是說一套做一套而已。如果連日常生活這些再平常不過的芝麻小事你都看不下去，把媳婦當女兒這種場面話，就乾脆別輕易說出口，因為，**你・根・本・做・不・到！**

　　不相信的話，有女兒的人請自己回想，沒女兒的我可以幫你想像一下日後一定會遇見的場景～

　　女兒在家是輕鬆自在的，她可能累了會直接用很放鬆的姿勢癱在沙發上，假日也可能睡很晚起不來；要是傷風感冒、大姨媽來訪、工作過勞，

女兒不想煮飯的時候
就會叫外賣

都會讓她疲憊不堪，回到家只想耍廢，雖不至於擺臉色結屎面給你看，但卻可能連擠出一絲微笑或打招呼的力氣都沒有，此時對於長輩的碎唸，就只能裝聾作啞，左耳進右耳出，目光空洞，全然放空。試問，做人媳婦真的可以這樣而不讓你惱怒或嫌棄嗎？

　　媳婦跟兒子一樣，每天早出晚歸上班忙了一整天，但兒子回到家可以吃現成的癱在沙發上滑手機，媳婦回家卻還要照顧小孩，甚至一頭衝進廚房張羅晚餐，飯後還要收拾殘局忙家務。媳婦不是神力女超人，就算她每天都只能吃外賣或者簡單煮也不足為奇，只是剛剛好而已。若想等著看她七點下班回家便立馬捲起衣袖，帶著糊掉的妝容，直奔廚房變出四菜一湯，菜色要顧及營養均衡每天有變化，還要滿足全家每位成員，根本是天方夜

女兒會叫她老公
"做家事"

譚！勸你請個瑪麗亞或許比較簡單！

　　媳婦跟老公通常有自己一套家務分工方式，偏偏夫家眼裡只看到自己兒子辛苦上班一整天回家還要做苦力，媳婦做牛做馬都是應該的。事實上，兒子做點家務，照顧孩子，甚至煮個飯、跑跑腿，非常有益血液循環及身心健康，絕對比一直黏在沙發上當馬鈴薯好。

　　媳婦婚前跟你兒子出去約會並不會約你，婚後跟老公小孩出門旅遊或許「偶爾」會約你，但不管約不約你們兩老，都不能因為沒跟到或者見不得媳婦過得爽就眼紅心生妒意，用一些荒誕可笑的理由酸人家揮霍無度、日子過太閒、整天只知道出去玩……將心比心，誰不愛玩?!若是你的女兒，你應該會替她高興，婚姻幸福，家庭美滿，日子過得恬意吧？

女兒會跟老公出門玩
沒有約妳
會跟朋友吃飯午茶
不須經過妳同意

別人家的女兒對自己爸媽不會總是百依百順，偶爾不高興也會陽奉陰違、頂嘴垮臉，但面對你卻要忍氣吞聲面不改色，回嘴頂撞、相應不理就變成牽手所指的逆媳！每當夫妻吵架，你總是數落媳婦落井下石，如果你女兒跟老公吵架，你是幫著女兒講話替她委屈抱不平，還是叫她去跟老公下跪道歉？

所以，廢話都不用多說，只要易地而處，換位想想，自己做不做得到就好。如果無法將心比心、一視同仁，硬是把別人家怎麼看怎麼不順眼的女兒當自己生的，反而顯得不切實際，讓自己內傷而已！

女兒不會百依百順
被罵可能會回嘴
會跟她老公吵架
而且妳不能插手

把媳婦當女兒千萬要想清楚
沒法將心比心，一視同仁
下場只有內傷...

後記

親愛的家長們，看完這本《母愛真火大！》，帶給你什麼感想呢？期盼莎拉的圖文能時時幫你在育兒路上一笑泯恩仇，消滅負能量才能暢行無阻，愉快加倍！

一開始寫這本書時，適逢休士頓2017哈維颶風大水災，才開工就緊急離家避難，經歷幾個月的收拾才逐漸重新步上軌道，所以可說是有一個很戲劇化的開始。

感謝我的腦公阿宅，一邊看著我畫圖消遣他、酸他（誤），還要一邊若無其事、一笑置之、無怨無悔的養家活口，有好長一段日子，他白天要教課，晚上還要熬夜趕圖趕工，他不是豬隊友，而是我的神隊友，無條件的支援我，幫助我圓夢。

在完稿前一個月，娘家人特地飛來休士頓支援我，好幫我hold住即將要失控的時間表。感謝父母實踐了完美的婚姻關係，讓我對婚姻生活既憧憬又感到踏實，即使偶爾遭遇困難委屈，有娘家在背後無怨無悔的挺妳，聽妳訴苦，真的是件非常幸福的事！

更感謝所有一路相伴、為我加油打氣的親友及網友們，你們的建議、指教與祝福，莎拉謹記在心，每一次與你們的互動，都讓我獲益良多。希望藉著書中的圖文能搏君一笑，讓你在忙碌緊湊的生活中喘口氣，內容如有雷同，純屬巧合，請勿自動對號入座喔！

最後，將榮耀歸與神！

國家圖書館出版品預行編目資料

母愛真火大！莎拉媽媽的犀利人母爆笑日常
／莎拉媽媽（陳伊思）著.-- 初版.-- 臺北市：如何，2018.05
144 面；16.5×21公分.--（Happy family；74）
ISBN 978-986-136-510-7（平裝）

1.親職教育 2.育兒

528.2   107004108

www.booklife.com.tw   reader@mail.eurasian.com.tw

Happy Family   074

母愛真火大！莎拉媽媽的犀利人母爆笑日常

圖文作者／莎拉媽媽（陳伊思）
發 行 人／簡志忠
出 版 者／如何出版社有限公司
地　　址／台北市南京東路四段50號6樓之1
電　　話／（02）2579-6600 · 2579-8800 · 2570-3939
傳　　真／（02）2579-0338 · 2577-3220 · 2570-3636
總 編 輯／陳秋月
主　　編／柳怡如
責任編輯／尉遲佩文
專案企畫／沈蕙婷
校　　對／柳怡如 · 尉遲佩文 · 莎拉媽媽
美術編輯／金益健
行銷企畫／張鳳儀 · 曾宜婷
印務統籌／劉鳳剛 · 高榮祥
監　　印／高榮祥
排　　版／陳采淇
經 銷 商／叩應股份有限公司
郵撥帳號／18707239
法律顧問／圓神出版事業機構法律顧問　蕭雄淋律師
印　　刷／龍岡數位文化股份有限公司
2018年5月　初版

定價280元　　　　ISBN 978-986-136-510-7